SPARGEL & ERDBEEREN

... und viele weitere
Frühlingsboten

SPARGEL & ERDBEEREN

... und viele weitere Frühlingsboten

Inhalt

Wissenswertes für die Frühlingsküche auf einen Blick: Worauf ist beim Spargelkauf zu achten und wie bleiben Erdbeeren am längsten frisch?

Spargel satt! Ob weiß oder grün, Spargel ist das Gemüse der Saison und begeistert mit feinem Aroma und Vielseitigkeit: Heute klassisch, morgen modern, immer leicht und lecker.

Geniale Kombi

Entdecken Sie die vielen Spargel-Erdbeer-Kombi-Rezepte in diesem Buch auf den Seiten **23, 31, 73, 95, 123** und **147**.

Alles Frühling

Jetzt kommen frische Aromen auf den Teller: Bärlauch, Erbse und Radieschen stehen in den Startlöchern und warten nur darauf, mit uns die leichte, grüne Küche zu feiern.

Alles Erdbeere

Die können so viel mehr als Konfitüre! Erdbeeren sind der rote Knaller im Frühling und schmecken in feinen Desserts, fruchtigen Salatkombis und pikanten Gerichten.

Kleiner

Überblick

Die Tage werden wieder wärmer, die Sonne lockt ins Freie und die Lust auf leichte, frische Gerichte wächst. Jetzt ist die perfekte Zeit, um saisonale Köstlichkeiten wie Spargel und Erdbeeren auf den Tisch zu bringen. Sie passen wunderbar zu den ersten warmen Sonnenstrahlen und bringen die Frische des Frühlings direkt auf den Teller.

Spargel richtig eingekauft und aufbewahrt

Das Aussehen gibt einen ersten Hinweis auf die Frische des edlen Gemüses: Die Stangen müssen fest und knackig sein und eine glatte, feste Außenfläche haben. Die Schnittstellen sehen saftig und keinesfalls trocken aus. Außerdem sollten die Köpfe bzw. Spitzen von weißem Spargel geschlossen sein – ein untrügliches Zeichen, dass diese nicht bereits durch die Erde gebrochen waren, sondern die Stangen zum richtigen Zeitpunkt gestochen wurden. Da grüner Spargel immer aus der Erde schaut, sind seine Köpfe auch etwas geöffnet.

Wer den Frischetest vom Händler vorgeführt bekommt oder sogar selbst randarf, kann mehr feststellen: Ritzt man die Schnittstelle der Stange mit dem Fingernagel ein, tritt etwas Flüssigkeit aus. Reibt man die Stangen aneinander, quietschen sie.

Auf vielen Märkten gibt es inzwischen einen besonderen Service: Die Spargelstangen werden vor Ort geschält. Wenn Sie den Spargel am selben Tag zubereiten und er wirklich erst beim Kauf von der Schale befreit wird, spricht nichts dagegen.

Zu Hause wird der Spargel am besten so aufbewahrt: Ein Küchentuch unter den kalten Wasserstrahl halten, dann auswringen. In dieses Tuch gewickelt kann der Spargel im Kühlschrank bis zu vier Tagen auf seinen Einsatz warten. Geschält kann man Spargel auch einfrieren. Am besten zuerst auf einem Tablett vorfrieren, damit die Stangen nicht aneinanderkleben. Zum Garen die gefrorenen Stangen ins kochende Wasser legen und kürzer garen als frische.

Die Schalen und Enden vom geschälten Spargel nicht wegwerfen, sondern in einem Topf mit reichlich Wasser, einer Prise Salz, etwas Zucker und einem Stück Butter 20–30 Minuten köcheln lassen, danach abseihen. So entsteht ein aromatischer Fond, der perfekt als Basis für Spargelsuppe, Risotto oder Saucen verwendet werden kann und sich auch toll einfrieren lässt.

Service

Der richtige Umgang mit Erdbeeren

Erdbeeren sind sehr druckempfindlich. Werden sie erst am nächsten Tag verwendet, legt man sie am besten locker – ohne dass sie sich berühren – auf Küchenpapier und stellt sie in den Kühlschrank.

Beim Kauf von Erdbeeren im Supermarkt oder am Obststand unbedingt einen Blick ins Körbchen werfen und prüfen, ob auch die unteren Beeren unversehrt sind. Druckstellen führen schnell zu fauligen Stellen. Am besten das Körbchen leicht anheben und von allen Seiten schauen – so lässt sich sicherstellen, dass alle Beeren frisch und appetitlich sind.

Vor der Weiterverarbeitung kommen die Erdbeeren (noch mit Blütenansätzen) in ein Sieb und werden kurz im mit Wasser gefüllten Waschbecken geschwenkt. Alternativ im Sieb einmal kurz abbrausen.

Nach dem Waschen Blütenansätze entfernen: Bei reifen Früchten lassen sie sich herauszupfen oder -drehen. Sonst mit spitzem Messer unter die Blattrosetten fahren und diese kegelförmig herausschneiden.

Wenn Sie Erdbeeren direkt vom Feld pflücken wollen: Am besten morgens pflücken, wenn die Beeren noch kühl sind – das macht sie saftiger und sie halten länger. Nur reife, tiefrote Erdbeeren ernten, da sie nach der Ernte nicht mehr nachreifen. Beim Pflücken den grünen Kelch dranlassen und die Erdbeeren möglichst nicht stapeln, um Druckstellen zu vermeiden. So bleibt die Ernte frisch und lecker!

Bleiben Erdbeeren übrig, können sie einzeln schockgefroren und in Beutel gepackt werden. Gezuckertes Erdbeerpüree, in Eiswürfelbehälter mit Stäbchen darin abgefüllt, ergibt ein fruchtiges Eis am Stiel.

Alles

Spargel

Mitte bis Ende April ist es endlich so weit: Die ersten Stangen Spargel liegen beim Gemüsehändler im Regal. Frisch gestochen ist er einfach unschlagbar – edel, zart und dabei so gesund. Nun heißt es zugreifen, denn die Spargelsaison ist kurz. Traditionell endet sie am 24. Juni, dem Johannitag. Bis dahin gibt es Spargel in allen Facetten: pur mit feiner Sauce, zu Nudeln oder auf Pizzateig, mit Käse, Eiern oder Fleisch kombiniert.

Heißer Tipp

Als knuspriges Topping eignen sich geröstete Pinienkerne oder Croûtons, um der Suppe zusätzlichen Biss zu verleihen. Für die Croûtons altbackenes Brot in kleine Würfel schneiden. In einer Pfanne in etwas Olivenöl oder Butter bei mittlerer Hitze goldbraun und knusprig braten. Nach Belieben können die Croûtons mit Knoblauch oder Kräutern verfeinert werden. Anschließend kurz auf Küchenpapier abtropfen lassen, um überschüssiges Fett zu entfernen. Dann in einer kleinen Schüssel servieren und erst bei Tisch über die Suppe streuen.

Parmesansuppe mit grünem Spargel

Für 4 Personen

Zubereitung 25 Min.

Pro Portion ca. 340 kcal

vegetarisch

500 g grüner Spargel
Salz
12 Schalotten
2 EL Butter
1 TL getrockneter Thymian
50 g Milch- oder Risottoreis
100 ml Noilly Prat (ersatzweise trockener Weißwein oder Gemüsebrühe)
150 g Sahne
100 g frisch geriebener Parmesan
Pfeffer

1 Den Spargel waschen, falls nötig, schälen und die Enden abschneiden. Spargelköpfe abschneiden und die Stangen in etwa 1 cm lange Stücke teilen.

2 800 ml Wasser mit Salz zum Kochen bringen. Spargel darin ca. 4 Min. zugedeckt köcheln lassen. In ein Sieb abgießen, den Spargelsud dabei auffangen.

3 Die Schalotten schälen und klein würfeln. Die Butter zerlassen, Schalotten mit Thymian darin andünsten. Reis kurz mitgaren, Spargelsud und Noilly Prat zugießen und alles offen ca. 10 Min. bei mittlerer Hitze kochen lassen.

4 Die Spargelbrühe durch ein Sieb in einen anderen Topf gießen. Die Sahne untermischen, den Parmesan unter Rühren in der Suppe schmelzen lassen. Die Suppe mit Salz und Pfeffer abschmecken und den Spargel darin erwärmen. Gleich servieren.

Hähnchensuppe mit Spargel

Für 4 Personen

Zubereitung 40 Min.

Garen 1 Std. 15 Min.

↗ *mit Fleisch*

4 Hähnchenkeulen (à ca. 200 g)
2 kleine Zwiebeln
2 Lorbeerblätter
6 schwarze Pfefferkörner
1,5 l Hühnerbrühe
500 g weißer Spargel
250 g grüner Spargel
100 g kleine Champignons
150 g frisch gepalte Erbsen (ersatzweise TK)
Salz | Pfeffer
2 EL Zitronensaft
1 Handvoll Kerbel

1 Die Hähnchenkeulen waschen. Die Zwiebeln ungeschält halbieren, mit Lorbeer und Pfefferkörnern in den Topf geben. Brühe zugießen und alles aufkochen. Die Keulen hineinlegen und mit halb offenem Deckel bei mittlerer Hitze ca. 45 Min. köcheln lassen.

2 Inzwischen Spargel waschen. Den weißen ganz, den grünen nur im unteren Drittel schälen, holzige Enden jeweils abschneiden. Spargel schräg in 3–4 cm breite Stücke schneiden. Pilze putzen und bei Bedarf mit einem Tuch abreiben, größere Exemplare halbieren. Erbsen waschen.

3 Die Keulen aus der Brühe nehmen und beiseitestellen. Brühe durch ein Sieb in einen zweiten Topf gießen und nochmals aufkochen. Keulen häuten, das Fleisch von den Knochen lösen und grob zerzupfen. Den weißen Spargel in der Brühe bei mittlerer Hitze 12–15 Min. garen. Dann grünen Spargel, Pilze und Erbsen hinzufügen, alles erneut aufkochen und noch ca. 4 Min. garen. Zuletzt das Fleisch dazugeben und kurz erwärmen.

4 Zum Servieren die Suppe mit Salz, Pfeffer und Zitronensaft abschmecken. Den Kerbel waschen, trocken schütteln, die Blätter abzupfen und grob hacken. Die Suppe auf tiefe Teller oder Schalen verteilen und mit Kerbel bestreuen.

Spargel-Kartoffel-Salat mit Erbsencreme

Für 4 Personen

Zubereitung 25 Min.

Garen 25 Min.

Pro Portion ca. 465 kcal

vegetarisch

Für den Salat:
800 g grüner Spargel
500 g kleine neue Kartoffeln
Salz
4 Frühlingszwiebeln
4 EL Weißweinessig
4 TL mittelscharfer Senf
Pfeffer
4 EL Olivenöl

Für die Erbsencreme:
2 Schalotten
2 Knoblauchzehen
1 EL Olivenöl
250 g frisch gepalte Erbsen (ersatzweise TK)
1 Bund Basilikum
150 g Crème fraîche
2 TL Zitronensaft
Salz | Pfeffer

1 Den Spargel waschen, holzige Enden abschneiden. Stangen im unteren Drittel schälen, schräg in ca. 4 cm lange Stücke schneiden. Kartoffeln waschen, gründlich abbürsten und längs vierteln. Beides in einen Dampfgarer geben und ca. 20 Min. garen (Alternativ den Spargel ca. 15 Min., die Kartoffeln ca. 20 Min. in kochendem Salzwasser garen).

2 Die Frühlingszwiebeln putzen, waschen und klein schneiden. Essig, Senf, ¼ TL Salz, etwas Pfeffer und 4 EL Öl in einer großen Schüssel mischen. Kartoffeln und Spargel heiß unterheben.

3 Für die Erbsencreme Schalotten und Knoblauch schälen, halbieren und fein schneiden. In einem kleinen Topf in 1 EL Öl andünsten, die Erbsen dazugeben und ca. 5 Min. mitgaren. Das Basilikum waschen und trocken schütteln. Blätter abzupfen, die Hälfte davon mit Crème fraîche, Zitronensaft, ¼ TL Salz und 2 Prisen Pfeffer in den Topf geben. Alles pürieren. Restliches Basilikum grob zerzupfen.

4 Zum Servieren den Salat auf Teller verteilen, jeweils mit einem Klecks Creme anrichten und mit restlichem Basilikum bestreuen.

Heißer Tipp

Der Spargelsalat lässt sich auch bereits am Vortag vorbereiten. Dann bis zum Servieren im Kühlschrank aufbewahren und ca. 1 Std. vorher Zimmertemperatur annehmen lassen. Die Pfefferschnitzel schmecken auch aus Schweine-, Puten- oder Hähnchenfleisch. Als vegetarische Alternative passen gebackene Austernpilze oder knuspriger Tofu.

Spargelsalat mit Pfefferschnitzel

Für 4 Personen

Zubereitung 1 Std.

Marinieren 1 Std.

Pro Portion ca. 585 kcal

↗ *mit Kalb*

Für den Salat:
1 kg Spargel
Salz
Zucker
1 EL Butter
6 EL milder Weißweinessig
6 EL Öl
1 Kästchen Kresse

Für die Schnitzel:
6 Scheiben Toastbrot
1 EL getrocknete rote Pfefferkörner
1 EL eingelegte grüne Pfefferkörner (Glas)
600 g Kalbsschnitzel
Salz | Pfeffer
2 Eier (M)
4 EL Mehl
Öl zum Braten

1 Für den Salat den Spargel waschen, schälen und holzige Enden abschneiden. 3 l Wasser mit je 2 EL Salz und Zucker aufkochen. 1 EL Butter dazugeben und die Spargelstangen darin 15–20 Min. garen, dann herausnehmen. Die Schalen und Enden in das Kochwasser des Spargels geben, alles 30 Min. kochen lassen. Dann durch ein Sieb abgießen, den Fond dabei auffangen. Die gegarten Spargelstangen mit 400 ml Fond, Essig und Öl übergießen. Etwas salzen und ca. 1 Std. durchziehen lassen.

2 Inzwischen für die Schnitzel vom Toastbrot die Rinde abschneiden. Das Brot in der Küchenmaschine zu Bröseln zerkleinern und mit den roten und grünen Pfefferkörnern mischen.

3 Die Schnitzel dünn klopfen und mit Salz und Pfeffer würzen. Die Eier verquirlen. Die Schnitzel zuerst im Mehl wenden, abklopfen, durchs Ei ziehen und zum Schluss mit den Pfeffer-Bröseln panieren.

4 Reichlich Öl in einer großen Pfanne erhitzen und die Schnitzel darin bei mittlerer Hitze von jeder Seite in ca. 5 Min. goldbraun braten. Die Kresse vom Beet schneiden und über den Spargelsalat streuen, zusammen mit den Schnitzeln servieren.

Knackig meets saftig: Spargel und Erdbeeren ergänzen sich geschmacklich einfach perfekt. Der grüne Spargel bringt einen leicht nussigen, erdigen und frischen Geschmack mit, während die Erdbeeren durch ihre Süße und dezente Säure einen fruchtigen Kontrast bieten. Diese Kombination sorgt für Abwechslung auf dem Teller und im Mund.

Geniale Kombi

Caprese mit Spargel und Erdbeeren

Für 4 Personen
Zubereitung 40 Min.
Pro Portion ca. 750 kcal

vegetarisch

500 g grüner Spargel
1 TL Dijon-Senf
1 TL Honig
3 EL Weißweinessig
2 EL Walnussöl
3 EL Olivenöl
Salz | Pfeffer
2 EL Pinienkerne
125 g Erdbeeren
1 reife Avocado
3 Spritzer Zitronensaft
1 Bund Basilikum
3 Stängel Estragon
1 Handvoll Postelein
125 g Mini-Büffelmozzarella
(ersatzweise Mini-Mozzarella)

1 Den Spargel waschen und holzige Enden großzügig abschneiden oder schälen. Die Stangen mit einem Sparschäler von unten zur Spitze hin vorsichtig in schmale Streifen schneiden. Große Spargelköpfe mit einem Messer längs halbieren, kleinere Spargelköpfe ganz belassen.

2 Senf, Honig und Essig gründlich verrühren, danach Walnuss- und Olivenöl kräftig unterschlagen. Die Vinaigrette mit Salz und Pfeffer abschmecken. Den Spargel gründlich mit der Vinaigrette vermischen, dabei mehrmals wenden, damit der Spargel etwas weicher wird. Dann beiseitestellen und den Salat 15–20 Min. durchziehen lassen.

3 Inzwischen die Pinienkerne in einer Pfanne ohne Fett rösten, bis sie leicht bräunen und duften. Dann herausnehmen und abkühlen lassen. Die Erdbeeren abbrausen, entkelchen und in 3–4 mm dicke Scheiben schneiden. Die Avocado halbieren, vom Kern befreien, schälen und in mundgerechte Stücke schneiden. Diese gleich mit Zitronensaft vermischen, damit sie nicht braun werden. Basilikum und Estragon waschen und trocken schütteln. Basilikumblättchen abzupfen und grob zerzupfen, Estragonblättchen abzupfen und klein hacken. Postelein waschen, verlesen und trocken schleudern. Mozzarella trocken tupfen und nach Belieben ganz belassen oder grob zerzupfen.

4 Zum Anrichten die Avocado, den Estragon und jeweils gut die Hälfte von den Erdbeeren, von Basilikum und Postelein vorsichtig unter den Spargel heben. Anschließend den Mozzarella, die restlichen Erdbeeren, Postelein und Basilikum darauf verteilen. Die Caprese mit den Pinienkernen bestreuen und nochmals mit Pfeffer würzen.

schmeckt mit grünem und weißem Spargel

Spargeltatar mit Käse

Für 4 Personen

Zubereitung 20 Min.

Pro Portion ca. 315 kcal

vegetarisch

500 g Spargel
2 Frühlingszwiebeln
2 Bund Basilikum
1 EL Zitronensaft
3 EL Olivenöl
2 EL Walnuss- oder Haselnussöl
Salz | Pfeffer
2 EL gehackte Haselnusskerne
4 kleine runde Ziegenkäse
(à etwa 45 g)

1 Den Spargel waschen, schälen und die Enden abschneiden. Spargel in Stücke schneiden und im Blitzhacker hacken. Frühlingszwiebeln waschen und putzen, Basilikum waschen und abzupfen. Beiden fein schneiden.

2 Zitronensaft mit 2 EL Olivenöl und 1 EL Nussöl mixen, Spargel und Zwiebeln untermengen, salzen, pfeffern. Haselnüsse im restlichen Nussöl anrösten.

3 Den Backofengrill anheizen. Käse in einer ofenfesten Form mit restlichem Olivenöl bepinseln, im Ofen (zu den Grillschlangen 10 cm Abstand) ca. 5 Min. bräunen. Tatar, Käse und Nüsse auf Tellern anrichten und servieren.

pfefferwürzig

Marinierter Spargel

Für 4 Personen

Zubereitung 15 Min.

Marinieren 2 Std.

Pro Portion ca. 155 kcal

vegan

1 kg grüner Spargel | Salz
Zitronenscheibe
2 Lorbeerblätter
2 TL frische grüne Pfefferkörner (ersatzweise eingelegte Körner aus dem Glas)
2 EL Weißweinessig
4 EL Rapsöl
1 TL rosenscharfes Paprikapulver
1 TL edelsüßes Paprikapulver

1 Den Spargel waschen, falls nötig, schälen und die Enden abschneiden. Reichlich Wasser mit Salz, Zitronenscheibe und Lorbeerblättern zum Kochen bringen. Den Spargel darin in 6–7 Min. bissfest garen.

2 Pfefferkörner waschen und grob hacken. Essig mit 4 EL Spargelsud und dem Öl verrühren, mit Salz und Paprika abschmecken, den Pfeffer unterrühren. Spargel aus dem Wasser heben und auf einer Platte anrichten. Mit der Marinade begießen und ca. 2 Std. ziehen lassen. Mit frischem Weißbrot servieren.

Spargelgemüse auf Parmesantoast

Für 4 Personen

Zubereitung 50 Min.

Pro Portion ca. 240 kcal

vegetarisch

4 Scheiben Mehrkorn-Toastbrot
2 Eier (M)
50 ml Milch
4 EL frisch geriebener Parmesan
Salz | Pfeffer
9 getrocknete Tomaten (in Öl)
250 g weißer Spargel
2 kleine Möhren
3 EL Olivenöl
2 Zweige Basilikum
1 EL Aceto balsamico bianco

Außerdem:
Auflaufform

1 Toastscheiben nebeneinander in eine flache Form legen. Eier mit Milch und Parmesan verrühren, mit Salz und Pfeffer kräftig würzen. Die Brote damit begießen und ca. 20 Min. einweichen.

2 Inzwischen die getrockneten Tomaten in einem Sieb abtropfen lassen, das Öl auffangen. Spargel waschen, schälen und die Enden abschneiden. Spargelstangen längs halbieren und schräg in etwa 4 cm lange Stücke schneiden. Möhren waschen, schälen und schräg in dünne Scheiben schneiden.

3 Das aufgefangene Tomatenöl und 1 EL Olivenöl in einer Pfanne erhitzen. Spargel und Möhren darin bei schwacher bis mittlerer Hitze in ca. 10 Min. bissfest braten. Tomaten klein würfeln und unterrühren.

4 Das restliche Öl in einer beschichteten Pfanne erhitzen. Die Brotscheiben etwas abtropfen lassen und im Öl von beiden Seiten goldgelb braten.

5 Das Basilikum waschen, trocken schütteln, die Blätter zerzupfen und unter das Gemüse mischen. Mit Essig, Salz und Pfeffer abschmecken. Auf den Toasts verteilen.

Und dazu

Zu dem herzhaften Gemüse schmecken Röstkartoffeln ausgezeichnet. Dafür pro Person 250 g Kartoffeln (vorwiegend festkochend) mit Schale nicht zu weich kochen und auskühlen lassen. Dann die Kartoffeln schälen, halbieren oder vierteln und bei mittlerer Hitze in etwas Öl knusprig braten. Dabei mit Salz würzen. Nicht zu häufig wenden, sonst kann sich keine Kruste bilden und die Kartoffeln lösen sich nicht vom Pfannenboden.

Spargel Primavera

Für 4 Personen

Zubereitung 50 Min.

Pro Portion ca. 340 kcal

vegan

je 500 g weißer und grüner Spargel (möglichst gleich dicke Stangen)
100 g Haselnusskerne
1 Bio-Zitrone
1 Bund Frühlingszwiebeln
3 EL Olivenöl
Salz | Pfeffer
2 Knoblauchzehen
250 g Kirschtomaten (mit Rispen)
1 TL Aceto balsamico
1 Prise Zucker
100 g Baby-Blattspinat

1 Den Spargel waschen, trocken tupfen und die Enden abschneiden. Den weißen Spargel ganz, den grünen nur im unteren Drittel schälen. Die Haselnüsse grob hacken. Zitrone heiß abwaschen, abtrocknen und die Schale fein abreiben. Frühlingszwiebeln putzen, waschen und schräg in Stücke schneiden.

2 Die Haselnüsse in einer beschichteten Pfanne so lange rösten, bis sie duften. Aus der Pfanne nehmen. 2 EL Öl in die heiße Pfanne geben, den Spargel darin anbraten, Deckel auflegen. Den Spargel in ca. 8 Min. bei mittlerer Hitze weich garen. Dabei ab und zu wenden. Spargel mit Salz und Pfeffer würzen. Knoblauchzehen schälen und in Scheiben schneiden. Knoblauch, Frühlingszwiebeln und Zitronenschale zum Spargel geben und ca. 3 Min. weiterbraten. Gemüse in eine große Auflaufform geben und warm stellen.

3 Tomaten mitsamt Rispen waschen und trocken tupfen. 1 EL Öl in einer zweiten Pfanne erhitzen und die Tomaten darin ca. 3 Min. braten. Mit Aceto balsamico ablöschen und mit Salz, Pfeffer und Zucker würzen. Den Spinat waschen und trocken schleudern. Harte Stiele entfernen. Die Tomaten zum Spargel geben. Spargel mit Salz und Pfeffer abschmecken, Spinat unterheben und mit gerösteten Haselnüssen anrichten.

Spargel und Erdbeeren können sowohl warm als auch kalt serviert werden. Das eröffnet in der Küche viele kreative Möglichkeiten in der Küche, sei es in frischen Salaten, als gegrillte Kombination oder sogar in raffinierten Desserts. Während exotische Früchte wie Orangen oder Mango Spargel eine besondere Note verleihen, sorgen Erdbeeren mit ihrer süßen Frische für einen natürlichen, regionalen Kontrast. So entsteht eine harmonische Verbindung, die in vielen Gerichten funktioniert und überrascht.

Geniale Kombi

Gebackener Spargel mit Erdbeerchutney

Für 4 Personen

Zubereitung 55 Min.

Pro Portion ca. 850 kcal

vegan

Für das Erdbeerchutney:
100 g Erdbeeren
½ Bund Koriandergrün
100 g Mangochutney (Glas)

Für den Spargel:
500 g grüner Spargel
200 g Mehl
250 ml Bier (ersatzweise Milch)
1 TL gemahlener Mohn
Salz
Öl zum Frittieren

Außerdem:
2 EL saure Sahne
3 EL Bärlauchpesto

1 Für das Erdbeerchutney die Erdbeeren abbrausen, entkelchen und mit einer Gabel zerdrücken. Den Koriander waschen, trocken schütteln und die Blättchen abzupfen. Das Mangochutney mit den Erdbeeren und den Korianderblättchen verrühren.

2 Spargel waschen, schälen und die Enden abschneiden. Dann die Stangen in Stücke schneiden. Das Mehl mit dem Bier, dem Mohn und 1 Prise Salz zu einem zähflüssigen Teig verrühren.

3 Zum Frittieren Öl in der Fritteuse oder einem Topf erhitzen. Die Spargelstücke durch den Teig ziehen und portionsweise im heißen Öl in ca. 3 Min. knusprig ausbacken. Mit einem Schaumlöffel herausnehmen und auf Küchenpapier abtropfen lassen. Erdbeerchutney, saure Sahne und Bärlauchpesto in kleine Schüssel füllen. Den gebackenen Spargel mit den Dips servieren.

Spargel-Tempura mit Minzdip

Für 4 Personen

Zubereitung 40 Min.

Pro Portion ca. 260 kcal

vegetarisch

Für das Tempura:
100 g Mehl
1 kräftige Prise Salz
1 Ei (M)
je 250 g weißer und grüner Spargel
¾ l Öl zum Frittieren

Für den Minzedip:
2 Bund Minze
1 Bund Frühlingszwiebeln
1 Tomate
1 rote Chilischote
1 Stück frischer Ingwer (ca. 1 cm)
1 EL Zitronensaft
2 EL neutrales Öl
Salz
1 Prise Zucker

1 Für das Tempura Mehl und Salz in einer Schüssel mischen. 200 ml eiskaltes Wasser und das Ei unterrühren und den Teig zugedeckt 15 Min. quellen lassen.

2 Inzwischen den Spargel waschen und die holzigen Enden abschneiden. Den weißen Spargel ganz, den grünen Spargel nur im unteren Drittel schälen. Dann die Spitzen abschneiden und alle Stangen in ca. 5 cm lange Stücke teilen.

3 Für den Dip die Minze waschen und gut trocken schütteln, die Blättchen abzupfen und grob hacken. Die Frühlingszwiebeln putzen, waschen und grob schneiden. Die Tomate waschen und würfeln, dabei den Stielansatz entfernen. Die Chili waschen, putzen und ohne Samen grob hacken. Den Ingwer schälen und dann ebenfalls grob hacken.

4 Minze, Zwiebeln, Tomate, Chili und Ingwer mit dem Zitronensaft und dem Öl im Mixer fein pürieren. Den Dip mit Salz und Zucker abschmecken.

5 Das Öl in einem weiten Topf erhitzen; die richtige Temperatur ist erreicht, wenn an einem hineingehaltenen Holzlöffelstiel kleine Bläschen aufsteigen. Den Tempura-Teig nochmals durchrühren. Die Spargelstücke portionsweise durch den Teig ziehen und im heißen Öl in ca. 4 Min. goldbraun frittieren. Mit dem Schaumlöffel herausheben und auf einer dicken Lage Küchenpapier abtropfen lassen. Dann sofort mit dem Dip servieren.

Und dazu

Für eine rohe Tomatensauce 300 g Tomaten waschen, vierteln und entkernen, dabei auch von den Stielansätzen befreien. Dann in Stücke schneiden und mit 1 EL Tomatenmark und 1 TL Paprikapulver in einem Rührbecher grob pürieren.

Spargel-Tortilla

Für 4 Personen

Zubereitung 50 Min.

Pro Portion ca. 340 kcal

vegetarisch

750 g grüner Spargel
3 Frühlingszwiebeln
300 g festkochende Pellkartoffeln vom Vortag
4 EL Öl
Salz | Pfeffer
8 Eier (M)
100 ml Gemüsebrühe

1 Spargel waschen, das untere Drittel schälen, Enden abschneiden. Spitzen 4 cm lang abschneiden, den Rest schräg in 3 cm lange Stücke schneiden. Frühlingszwiebeln putzen, waschen, in Ringe schneiden. Kartoffeln pellen und klein würfeln.

2 Das Öl in einer beschichteten Pfanne (22 cm ∅) erhitzen. Spargel und Frühlingszwiebeln darin ca. 5 Min. braten. Die Kartoffeln zufügen, die Hitze reduzieren und ca. 5 Min. weiterbraten, salzen und pfeffern. Schöne Spargelspitzen beiseitelegen.

3 Eier und Brühe verquirlen, mit Salz und Pfeffer kräftig würzen. Die Masse über das Gemüse gießen, Spargelspitzen obenauf legen. Halb zugedeckt bei schwacher Hitze ca. 20 Min. garen, bis die Masse gestockt ist. Die Tortilla mithilfe eines Tellers aus der Pfanne stürzen und lauwarm wie eine Torte in Stücke schneiden.

Spargel mal anders

Kartoffel-Spargel-Curry

Für 4 Personen

Zubereitung 30 Min.

Pro Portion ca. 250 kcal

vegetarisch

1 kg weißer Spargel
500 g festkochende Kartoffeln
2 rote Zwiebeln
1 Stück frischer Ingwer (ca. 4 cm)
200 g Tomaten
2 getrocknete Chilischoten
4 EL Öl
1 EL Madras-Currypulver | Salz
100 g Joghurt
2 TL Garam masala (indische Gewürzmischung)

1 Den Spargel waschen, schälen und die Enden abschneiden. Die Stangen in 3 cm lange Stücke schneiden. Kartoffeln schälen, waschen und 2 cm groß würfeln. Zwiebeln schälen und in breite Streifen schneiden. Ingwer schälen und hacken. Tomaten waschen und würfeln, dabei Stielansätze entfernen. Chilischoten mit den Fingern zerkrümeln.

2 Öl erhitzen und die Zwiebeln darin anbraten. Spargelstücke mit Kartoffeln, Chili und Ingwer kurz mitbraten, mit dem Curry bestäuben. 400 ml Wasser zugießen, salzen und bei mittlerer Hitze zugedeckt ca. 5 Min. garen. Spargelspitzen und Tomaten zufügen und alles weitere 10–12 Min. garen, bis die Kartoffeln weich und die Spargelstücke bissfest sind. Bei Bedarf noch etwas Wasser zugeben, Joghurt untermischen, das Curry abschmecken und mit dem Garam masala bestäuben. Dazu passt Reis.

scharf und fruchtig

Thai-Spargel in Orange

Für 4 Personen

Zubereitung 30 Min.

Pro Portion ca. 380 kcal

vegan

600 g Thai-Spargel (etwa 3 Bund)
4 rote Zwiebeln
2 Orangen (davon 1 Bio-Orange)
3 EL Reiswein | 3 EL Sojasauce
1 EL Reisessig
2 TL Honig
1 Stück frischer Ingwer (ca. 4 cm)
2 getrocknete Chilischoten
100 g Erdnusskerne
1,5 EL Öl | Salz
1 EL Korianderblättchen

1 Spargel waschen, von den Enden befreien und quer halbieren oder dritteln. Die Zwiebeln schälen, vierteln und in 1 cm breite Streifen schneiden. Bio-Orange heiß waschen, Schale fein abreiben. Beide Orangen auspressen. Saft, Schale, Reiswein, Sojasauce, Essig und Honig verrühren. Ingwer schälen und fein hacken, Chilischoten fein zerkrümeln.

2 Im Wok Erdnusskerne im Öl unter Rühren in ca. 1 Min. knusprig braten, herausnehmen. Den Spargel im Wok ca. 2 Min. unter Rühren braten. Zwiebeln, Ingwer und Chili dazugeben und alles weitere 2 Min. braten. Sauce zugießen und kräftig aufkochen. Alles noch ca. 3 Min. garen, bis der Spargel bissfest ist. Mit Salz abschmecken und mit Koriander und Erdnüssen bestreuen.

Spargel-Spinat-Quiche

Für 4 Personen

Zubereitung 40 Min.

Backen 35 Min.

Pro Portion ca. 785 kcal

vegetarisch

110 g eiskalte Butter
225 g Mehl
Salz | Pfeffer
500 g weißer Spargel
1 Knoblauchzehe
2 Frühlingszwiebeln
250 g Blattspinat
3 Eier (M)
200 g Sahne
150 g frisch geriebener Parmesan

Außerdem:
Tarteform (30 cm ∅)

1 Für den Teig Butter in kleine Stücke schneiden und mit dem Mehl, Salz, Pfeffer und etwa 4 EL eiskaltem Wasser zu einem glatten Teig verkneten.

2 Den Teig zu einer Kugel formen, zwischen zwei Lagen Frischhaltefolie rund in Größe der Tarteform ausrollen. Die Form damit auskleiden, dabei einen 3 cm hohen Rand hochziehen. Den Teig in der Form 20 Min. ins Tiefkühlfach stellen.

3 Inzwischen den Spargel waschen, schälen und die Enden abschneiden. Spargelköpfe abschneiden und die Stangen in etwa 1 cm breite Stücke teilen. Knoblauch schälen und durch die Presse drücken. Die Frühlingszwiebeln waschen, putzen und mit dem knackigen Grün in feine Ringe schneiden.

4 Den Spinat verlesen, putzen, waschen und in kochendem Salzwasser zusammenfallen lassen. Abschrecken, gut ausdrücken und mit dem Messer fein hacken.

5 Den Backofen auf 180° vorheizen. Die Eier mit der Sahne und dem Käse verrühren, leicht salzen und pfeffern. Spargel mit Spinat, Knoblauch und Zwiebelringen mischen, salzen, pfeffern und auf dem gekühlten Teig verteilen. Eiermischung darübergießen und die Quiche im Ofen (Mitte) ca. 35 Min. backen, bis der Belag schön braun ist.

Spargel-Kartoffel-Tarte mit Frühlingspesto

Für 4 Personen

Zubereitung 40 Min.

Backen 30 Min.

Pro Portion ca. 610 kcal

vegetarisch

800 g festkochende Kartoffeln
400 g TK-Blätterteig (8 Scheiben à 12 × 12 cm)
1 kg grüner Spargel
5 EL Zitronensaft
Salz
2 EL Bärlauchpesto
1 EL Aceto balsamico bianco
1–2 EL neutrales Pflanzenöl
1 EL Sesam
Pfeffer

1 Die Kartoffeln waschen und in reichlich Wasser zugedeckt bei mittlerer Hitze in 25–30 Min. gar kochen. Die Blätterteigscheiben auf der Arbeitsfläche nebeneinander auftauen lassen.

2 Inzwischen den Spargel waschen und die oberen 8 cm abschneiden. Die Stangen in einem Topf mit Dämpfeinsatz über kochendem Wasser in 4–5 Min. bissfest dämpfen. Den Zitronensaft mit ½ TL Salz verrühren. Den Spargel in ein Sieb abgießen, kalt abschrecken und ca. 10 Min. im Zitronensaft marinieren. Den Backofen samt zwei Blechen auf 200° vorheizen.

3 Die Kartoffeln abgießen, etwas ausdampfen lassen, pellen und in Scheiben schneiden. Die Kartoffeln mit Pesto, Essig und etwas Salz verrühren.

4 Zwei Lagen Backpapier bereitlegen. Jeweils 2 Scheiben Blätterteig leicht überlappend nebeneinanderlegen und gut zusammendrücken. Die Teigränder rundherum mit den Zinken einer Gabel eindrücken, die Platten mit Öl bestreichen und mit Sesam bestreuen. Die Kartoffelscheiben auf dem Teig verteilen und etwas andrücken. Die Spargelstangen abtropfen lassen und quer auf die Tartes legen, sodass die Köpfe abwechselnd nach links und rechts zeigen.

5 Das Backpapier auf die Bleche ziehen. Die Tartes im Ofen 25–30 Min. backen, dabei die Bleche mindestens einmal tauschen. Die fertigen Tartes mit Pfeffer bestreuen und servieren.

Heißer Tipp

Für eine Spargel-Schinken-Pizza den Teig wie beschrieben zubereiten und gehen lassen. Inzwischen 500 g Spargel waschen, das untere Drittel schälen und die Enden abschneiden. In Salzwasser ca. 2 Min. offen garen, dann abschrecken und abtropfen lassen. 100 g gekochten Schinken in Streifen schneiden und 250 g Mozzarella würfeln. 250 g stückige Tomaten (Dose) mit 1 TL italienischen Kräutern, Salz und Pfeffer würzen. Den Teig dünn ausrollen, zunächst mit Tomatensauce, dann mit Spargel, Schinken und Mozzarella belegen und wie beschrieben im heißen Ofen goldbraun backen.

Drei-Käse-Spargel-Pizza

Für 4–6 Personen

Zubereitung 1 Std.

Ruhen 1 ¼ Std.

Backen 4 x 10–12 Min.

Pro Portion ca. 650 kcal

vegetarisch

Für den Hefeteig:
½ Pck. Trockenhefe
400 g Emmer-Vollkornmehl (ersatzweise Dinkel-Vollkornmehl)
Salz
2 EL Olivenöl
Vollkornmehl zum Arbeiten

Für den Belag:
50 g getrocknete Tomaten (in Öl) + 1 EL Tomatenöl
800 g stückige Tomaten (Dose)
Salz | Pfeffer
1 Prise Rohrzucker
600 g grüner Spargel
250 g Büffelmozzarella
60 g Comté
50 g Parmesan
50 g Pinienkerne
½ Bund Basilikum
2 EL Olivenöl

1 Die Trockenhefe mit 250 ml lauwarmen Wasser verrühren. Mehl mit 1 TL Salz in eine Schüssel geben. Hefewasser und Olivenöl dazugeben und alles mit den Knethaken ca. 5 Min. verrühren, dann mit den Händen zu einem elastischen Teig verkneten. Teig in vier Portionen teilen und abgedeckt an einem warmen Ort ca. 1 Std. gehen lassen.

2 Für den Belag die getrockneten Tomaten abtropfen lassen, klein schneiden und mit den stückigen Tomaten und 1 EL Tomatenöl grob pürieren. Mit Salz, Pfeffer und Zucker würzen.

3 Den Backofen mit einem Backblech auf der untersten Schiene auf 250° vorheizen. Den Spargel waschen, im unteren Drittel schälen, die holzigen Enden abschneiden. Die Stangen schräg in Stücke schneiden. Den Mozzarella in Scheiben schneiden. Den Comté grob raspeln, den Parmesan fein reiben.

4 Den Teig auf Backpapier dünn ausrollen. Die Pizzen mit etwas Tomatensugo bestreichen, mit je einem Viertel der Spargelstücke belegen, leicht salzen und pfeffern. Die Käsesorten und die Pinienkerne aufstreuen. Die Pizzen nacheinander auf dem Blech im Ofen (unten) 10–12 Min. backen.

5 Inzwischen das Basilikum waschen und trocken tupfen, die Blätter abzupfen. Die fertigen Pizzen aus dem Ofen nehmen, mit je ½ EL Olivenöl beträufeln und mit Basilikum bestreut servieren.

mit Kräuteröl

Grüne Spargel-Pasta

Für 4 Personen

Zubereitung 35 Min.

Pro Portion ca. 890 kcal

✳ *mit Sardellen*

Für das Kräuteröl:
1 Bio-Zitrone
1 Bund Petersilie
4 Stängel Basilikum
3 Sardellenfilets
2 EL Kapern
75 ml Olivenöl
Salz | Pfeffer

Für die Spargel-Pasta
Salz | Pfeffer
500 g grüner Spargel
1 Bund Frühlingszwiebeln
350 g Spaghetti
2 EL Olivenöl
500 g Büffelmozzarella (4 Kugeln)

1 Für das Kräuteröl die Zitrone heiß waschen, abtrocknen und die Schale fein abreiben. Zitrone halbieren, den Saft auspressen. Petersilie und Basilikum waschen und trocken schütteln, die Blätter von den Stängeln zupfen und grob hacken. Einige schöne Basilikumblätter zum Garnieren beiseite legen.

2 Sardellenfilets abspülen, grob schneiden. Kapern abtropfen lassen. Zitronenschale und -saft, gehackte Kräuter, Sardellen und Kapern mit dem Öl in einen hohen Rührbecher geben und mit dem Pürierstab fein pürieren. Salzen und pfeffern.

3 Für die Pasta in einem großen Topf reichlich Salzwasser aufkochen. In der Zwischenzeit den Spargel waschen, im unteren Drittel schälen, holzige Enden abschneiden. Spargel quer halbieren, dicke Stangen auch längs halbieren. Frühlingszwiebeln waschen, putzen und in dünne Ringe schneiden.

4 Die Nudeln im kochenden Salzwasser nach Packungsanweisung bissfest garen. Das Öl in einer großen Pfanne erhitzen. Den Spargel darin ca. 5 Min. bei mittlerer Hitze anbraten. Die Frühlingszwiebeln 2–3 Min. mitgaren. 100 ml Nudelkochwasser zugießen, kurz aufkochen. Mit Salz und Pfeffer abschmecken.

5 Die Nudeln abgießen, tropfnass mit dem Kräuteröl vermengen. Mit dem Gemüse mischen und mit je 1 Kugel Mozzarella anrichten. Mit Basilikum garniert servieren.

lauwarm am besten

Spargel-Garnelen-Fritters

Für 4 Personen

Zubereitung 60 Min.

Pro Portion ca. 455 kcal

✳ *mit Garnelen*

500 g weißer Spargel | 5 EL Öl
250 g gekochte Garnelen (küchenfertig; ohne Kopf und Schwanz)
1 Knoblauchzehe
2 EL TK-Petersilie
Salz | Pfeffer
2 EL Zitronensaft
2 Eier (M) | ½ TL Backpulver
6 EL gemahlene Mandeln
500 g Joghurt
5 Stängel Minze

1 Spargel waschen, schälen und die Enden abschneiden. Stangen in kleine Stücke schneiden, in 1 EL Öl in 5 Min. bissfest braten. Garnelen waschen, trocken tupfen und grob hacken. Knoblauch schälen und fein hacken. Den Spargel mit Garnelen, Knoblauch und Petersilie vermengen. Mit Salz, Pfeffer und Zitronensaft würzen.

2 Die Eier verquirlen. Backpulver und Mandeln zugeben und mit den Eiern glatt rühren. Mit Salz und Pfeffer würzen. Die Spargel-Garnelen-Masse dazugeben und sorgfältig unterrühren. Das restliche Öl (4 EL) portionsweise in einer beschichteten Pfanne erhitzen und bei mittlerer Hitze aus je 2 EL Teig nacheinander 12 Plätzchen backen. Fertige Fritters warm stellen.

3 Joghurt mit Salz und Pfeffer verrühren. Minze waschen, trocken schütteln, fein hacken und unterrühren. Fritters mit Minzjoghurt anrichten.

mediterran und leicht

Zander mit Spargel-Makkaroni

Für 4 Personen

Zubereitung 50 Min.

Pro Portion ca. 705 kcal

✳ *mit Zander*

750 g grüner Spargel
300 g kurze Makkaroni
Salz | Pfeffer
4 Zanderfilets (à ca. 160 g)
5 Zweige Zitronenthymian
5 Stängel glatte Petersilie
100 g weiche Butter
4 EL Semmelbrösel
1 Knoblauchzehe
250 g Kirschtomaten
½ TL Zucker | 1 EL Essig

1 Backofen auf 200° vorheizen. Spargel waschen und im unteren Drittel schälen, die Enden abschneiden. Makkaroni in reichlich Salzwasser nach Packungsanweisung garen, abgießen und abtropfen lassen. Die Filets waschen und trocken tupfen.

2 Kräuter waschen, trocken schütteln und fein hacken. 60 g Butter mit Semmelbröseln und Kräutern verkneten, salzen und pfeffern. Die Masse auf den Fischfilets verteilen, diese in einer gefetteten ofenfeste Form im heißen Ofen ca. 12 Min. garen.

3 Die Spargelstangen in kochendem Salzwasser in 7–8 Min. garen, abgießen. Knoblauch schälen und hacken. Tomaten waschen und halbieren.

4 Restliche Butter in einer großen Pfanne erhitzen, Knoblauch andünsten. Tomaten zugeben und 3 Min. schmoren, dann mit Salz, Pfeffer, Zucker und Essig würzen. Nudeln untermischen, abschmecken und mit Spargel und Fischfilets anrichten.

Spargel-Lachs-Lasagne

Für 4 Personen

Zubereitung 30 Min.

Backen 20 Min.

Pro Portion ca. 880 kcal

✳ *mit Lachs*

500 g weißer Spargel
500 g grüner Spargel
Salz | Pfeffer
16 Lasagneplatten
400 g Lachsfilet
1 Bund Bärlauch (ersatzweise Rucola)
½ Bio-Zitrone
300 g Ziegenfrischkäse
50 g Sahne
2 EL Pinienkerne
4 EL Olivenöl

1 Den Spargel waschen, schälen und die Enden abschneiden. Stangen in etwa 4 cm lange Stücke teilen, diese längs halbieren. In Salzwasser 4 Min. vorkochen, herausheben, abschrecken und abtropfen lassen. Dann die Nudelplatten im Wasser in 6–8 Min. bissfest kochen, ebenfalls abschrecken.

2 Den Backofen auf 220° (Umluft 200°) vorheizen. Lachsfilet in dünne Scheiben schneiden. Bärlauch waschen, trocken schütteln und grob hacken. Die Zitrone heiß waschen und die Schale fein abreiben, Saft auspressen. Ziegenfrischkäse mit Sahne, 1 EL Zitronensaft, Zitronenschale und Bärlauch oder Rucola verrühren und mit Salz und Pfeffer abschmecken.

3 Nudelplatten mit Lachs, Spargel und Käsecreme lagenweise in eine ofenfeste Form schichten. Die Pinienkerne aufstreuen, Öl darüberträufeln. Die Lasagne im Ofen (Mitte) ca. 20 Min. backen, bis sie schön braun ist.

Spargelrisotto mit Erbsen

Für 4 Personen

Zubereitung 1 Std.

Pro Portion ca. 275 kcal

vegetarisch

800 g weißer Spargel
Salz | Pfeffer
1 Zwiebel
2 EL Olivenöl
500 g Risottoreis
250 ml Weißwein (ersatzweise Spargelfond + 2 EL Zitronensaft)
150 g TK-Erbsen
2 EL Butter
4 EL frisch geriebener Parmesan

1 Den Spargel waschen, schälen und die Enden abschneiden. Die Stangen in mundgerechte Stücke schneiden und in 2 l Salzwasser in ca. 3 Min. bissfest blanchieren. Herausnehmen und zur Seite stellen. Die Spargelschalen ins Salzwasser geben und ca. 1 Std. bei schwacher Hitze kochen lassen. Den Fond durch ein Sieb abgießen, 1,5 l abmessen und heiß stellen.

2 Die Zwiebel schälen und fein würfeln. Das Olivenöl in einem Topf erhitzen und die Zwiebel darin glasig dünsten. Den Reis dazugeben und bei mittlerer Hitze ca. 2 Min. mitdünsten, bis dieser knistert. Mit Weißwein ablöschen und einkochen lassen. Etwa 500 ml heißen Spargelfond dazugießen, die Hitze reduzieren und ca. 15 Min. leise kochen lassen. Dabei oft umrühren und nach und nach den restlichen Spargelfond zugießen.

3 Den Spargel und die Erbsen unterrühren, pfeffern und nochmals ca. 5 Min. kochen lassen. Der Reis sollte noch Biss und der Risotto eine weiche, aber nicht flüssige Konsistenz haben. Jetzt Butter und Parmesan unterrühren und den Risotto servieren.

aromatisch und frisch

Limetten-Vanille-Hollandaise

Für 4 Personen

Zubereitung 15 Min.

Pro Portion ca. 430 kcal

vegetarisch

200 g Butter
1 Vanilleschote
1 Bio-Limette
3 Eigelb (M)
Salz | Pfeffer
1 Prise Chilipulver
½ TL Honig oder Ahornsirup

1 Butter würfeln und in einem Topf bei schwacher Hitze schmelzen lassen. Neben dem Herd stehen lassen, bis die Molke auf den Topfboden absinkt.

2 Die Vanilleschote der Länge nach aufschlitzen, das Mark mit dem Messerrücken herauskratzen. Die Limette heiß waschen und die Schale fein abreiben. Eine Limettenhälfte auspressen.

3 Warmes Wasser in einem weiten Topf auf den Herd stellen und bei schwacher Hitze warm halten, aber nicht zu heiß werden lassen. Die Eigelbe mit Limettensaft und -schale, Vanillemark und 50 ml Wasser in einer Metallschüssel verquirlen und im warmen Wasserbad dickschaumig schlagen. Das dauert ca. 5 Min.

4 Butter unter ständigem Schlagen erst tropfenweise, dann in einem dünnen Strahl unter die Eigelbmasse rühren. Die Sauce mit Salz, Pfeffer, Chili und Honig oder Ahornsirup abschmecken und in einer vorgewärmten Sauciere servieren.

fein zu weißem Spargel

Kräuter-Hollandaise

Zutaten für 4 Personen

Zubereitung 1 Std.

Pro Portion ca. 695 kcal

vegetarisch

1 Bund gemischte Kräuter
(z. B. Petersilie, Kerbel, Estragon, Schnittlauch)
300 g Butter
3 Eigelb
3 EL Weißwein (ersatzweise
2 EL Wasser + 1 EL Zitronensaft)
Salz
1 Msp. Cayennepfeffer

1 Die gemischten Kräuter waschen, trocken schütteln und fein schneiden oder hacken. Die Butter bei schwacher Hitze schmelzen lassen, dabei sich bildenden Schaum abschöpfen – die flüssige Butter muss ganz klar sein und goldgelb aussehen.

2 Die Eigelbe und den Weißwein in eine Metallschüssel geben. Die Schüssel über Wasserdampf hängen und die Eigelbe mit dem Schneebesen ca. 3 Min. cremig schlagen. Sofort aus dem Dampf nehmen.

3 Die warme Butter zuerst tröpfchenweise, dann esslöffelweise unterrühren, bis die Sauce eine schaumig-cremige Konsistenz hat. Mit Salz und Cayennepfeffer würzen. Die vorbereiteten Kräuter unter die Sauce ziehen, diese in eine Sauciere füllen und sofort zum Spargel servieren.

Burgunder-Spargel mit Steak

Für 4 Personen

Zubereitung 1 Std.

Pro Portion ca. 590 kcal

↗ *mit Rind*

1 kg weißer Spargel
1 Stängel Estragon
1 EL Butter
750 ml roter Burgunder
Salz | Pfeffer
2 EL Butterschmalz
4 Steaks (á 150 g)
1 Schalotte
3 EL Crème fraîche

1 Den Spargel waschen, schälen und von den holzigen Enden befreien. Den Estragon waschen, trocken schütteln und den Stängel halbieren.

2 In einem breiten Topf die Butter erhitzen. Den Spargel darin portionsweise ca. 2 Min. andünsten. Den Burgunder zugießen. Einen halben Estragonstängel, etwas Salz und Pfeffer dazugeben. Alles aufkochen und den Spargel offen bei mittlerer Hitze in 10–20 Min. garen. Spargel herausnehmen und den Sud beiseitestellen.

3 Inzwischen das Butterschmalz in einer großen Pfanne erhitzen. Die Steaks pfeffern und von beiden Seiten 6–8 Min. braten. Herausheben, in Alufolie wickeln und ca. 5 Min. warm stellen. Das Bratfett bis auf einen kleinen Rest weggießen.

4 Die Schalotte schälen und vierteln. Im verbliebenen Bratfett scharf anbraten, herausnehmen und wegwerfen. 300 ml Spargel-Wein-Sud in die Pfanne gießen. Die Crème fraîche einrühren und alles zu einer sämigen Sauce einkochen lassen. Mit Salz und Pfeffer abschmecken.

5 Die Steaks salzen, mit dem abgetropften Spargel und der Sauce auf vorgewärmten Tellern anrichten und mit den restlichen Estragonblättchen garnieren. Mit Petersilienkartoffeln servieren.

Rindfleisch-Spargel-Wok mit Koriander

Für 4 Personen

Zubereitung 35 Min.

Pro Portion ca. 375 kcal

↗ *mit Rind*

400 g Rindfleisch (Schulter oder Steak)
1 Knoblauchzehe
350 g grüner Spargel
150 g asiatische Eiernudeln
Salz | Pfeffer
1 EL Sonnenblumenöl
50 ml Austernsauce
50 ml Limettensaft
½ Bund Koriandergrün

1 Das Fleisch trocken tupfen und in Streifen schneiden. Den Knoblauch schälen und in dünne Scheiben schneiden. Den Spargel waschen und im unteren Drittel dünn schälen. Die Stangen in 2–3 cm lange Stücke schneiden.

2 Die Nudeln nach Packungsanweisung ca. 5 Min. in reichlich Salzwasser gar kochen, abgießen und kalt abspülen. Dann gut abtropfen lassen und mit einer Gabel auflockern.

3 Das Öl im Wok oder in einer Pfanne erhitzen. Das Fleisch und den Knoblauch darin bei starker Hitze 2–3 Min. unter Rühren scharf anbraten. Anschließend mit Salz und Pfeffer würzen. Den Spargel hinzufügen und alles ca. 2 Min. braten. Die Austernsauce mit dem Limettensaft verrühren und in den Wok geben. Das Ganze einmal kurz aufkochen.

4 Den Koriander kurz abbrausen und trocken tupfen, die Blätter abzupfen und grob hacken. Die Nudeln in den Wok geben und gut untermischen. Alles mit Salz und Pfeffer abschmecken. Den Rindfleisch-Spargel-Wok mit Koriander bestreut servieren.

Hähnchenbrust mit Spargelfüllung

Für 4 Personen

Zubereitung 50 Min.

Pro Portion ca. 630 kcal

↗ *mit Huhn*

Für die Hähnchenbrust:
500 g grüner Spargel
Salz
2 Knoblauchzehen
Pfeffer
100 g Bergkäse
2 EL TK-Petersilie
4 Hähnchenbrustfilets
(à etwa 160 g)
2 EL neutrales Öl
50 ml Hühnerbrühe
50 g Sahne

Für das Kartoffelpüree:
800 g mehligkochende Kartoffeln
Salz | Pfeffer
250 g grüner Spargel
50 g Butter
200 ml Milch

Außerdem:
Zahnstocher

1 Den Spargel für die Hähnchenbrust waschen, im unteren Drittel schälen und die Enden abschneiden. 2 Stangen in Salzwasser ca. 5 Min. kochen, dann in dünne Scheiben schneiden. Knoblauch schälen und pressen. Käse entrinden und in kleine Würfel schneiden, mit Spargelscheiben, Petersilie und Knoblauch mischen, salzen und pfeffern.

2 In jedes Hähnchenbrustfilet seitlich eine Tasche einschneiden, mit der Mischung füllen und mit Zahnstochern verschließen. Filets salzen und pfeffern. Restlichen Spargel in 2–3 cm lange Stücke schneiden.

3 Die Kartoffeln schälen und würfeln. In Salzwasser zugedeckt bei mittlerer Hitze in ca. 15 Min. gar kochen. Den Spargel waschen und im unteren Drittel schälen, Enden abschneiden. Stangen in dünne Scheiben schneiden, in der Hälfte der Butter bei mittlerer Hitze in ca. 5 Min. bissfest braten, salzen und pfeffern. Kartoffeln abgießen, fein stampfen und salzen. Restliche Butter in Würfeln, Milch und gebratenen Spargel zugeben.

4 Das Öl in einer großen Pfanne erhitzen. Fleisch einlegen und die Spargelstücke dazwischen verteilen. Die Filets pro Seite 6–7 Min. bei mittlerer Hitze braten, den Spargel zwischendurch umrühren. Filets und Spargel auf vorgewärmte Teller geben. Den Bratensatz mit Brühe und Sahne ablöschen und leicht einkochen lassen. Filets mit Püree und Sauce servieren.

Und dazu

Anstelle des Kartoffelpürees passt zur Hähnchenbrust auch ein frühlingshafter Kartoffelsalat. Dafür 600 g neue Kartoffeln gar kochen, pellen und in mundgerechte Stücke schneiden. 1 Bund Radieschen waschen, putzen und klein schneiden. Für das Dressing 3 EL Bärlauchpesto mit 4 EL Olivenöl, 2 EL Zitronensaft, 2 EL Wasser, Salz und Pfeffer vermischen. Kartoffeln und Radieschen in eine Schüssel geben und mit dem Dressing überziehen. Den Salat nach Belieben mit gerösteten Sonnenblumenkernen bestreuen.

Knusper-Spargel mit Zitronenlachs

Für 4 Personen

Zubereitung 35 Min.

Pro Portion ca. 645 kcal

✳ *mit Lachs*

Für den Lachs:
2 Lachsfilet (ca. 3 cm dick; à ca. 250 g)
Salz | Pfeffer
1 Bio-Zitrone
Öl für das Backblech

Für den Spargel:
1 kg grüner Spargel
1 EL Olivenöl
Salz
1 Bio-Zitrone
2 Knoblauchzehen
100 g weiche Butter
1 EL TK-Petersilie
80 g Panko (asiatische Semmelbrösel; ersatzweise Semmelbrösel)

1 Den Backofen auf 225° vorheizen. Lachs unter kaltem Wasser abspülen, trocken tupfen und in zwei etwa gleich große Stücke schneiden, salzen und pfeffern. Die Zitrone heiß waschen, trocken tupfen und in dünne Scheiben schneiden. Ein Backblech mit Backpapier auslegen, dieses dünn mit Öl bepinseln. Die Lachsfilets auf eine Seite des Backblechs legen, die Filets mit den Zitronenscheiben belegen.

2 Den Spargel waschen und im unteren Drittel schälen, die holzigen Enden abschneiden. Die Stangen nebeneinander auf den noch freien Teil des Backblechs legen, mit Olivenöl beträufeln und salzen. Spargel und Lachs in den heißen Ofen (Mitte) schieben und ca. 15 Min. garen.

3 Inzwischen die Zitrone heiß waschen, trocken tupfen und die Schale fein abreiben. Den Knoblauch schälen und pressen. Die Butter mit Zitronenabrieb, Petersilie und Knoblauch mithilfe einer Gabel gründlich vermengen. Panko gut untermischen.

4 Das Backblech aus dem Ofen nehmen. Die Lachsfilets vom Blech nehmen und zugedeckt warm halten. Die Butter-Semmelbrösel-Mischung über den Spargel bröseln und den Spargel im heißen Ofen (Mitte) weitere 5 Min. backen, bis die Brösel goldbraun sind. Den Spargel mit den Lachsfilets auf Tellern anrichten und schnell servieren.

Alles

Frühling

Vorbei sind die Zeiten von Kürbis, Kohl und Knolle, vergessen die dunklen Wintermonate. Endlich werden die Tage wieder heller und die Teller bunter, denn der Frühling verwöhnt uns mit knackigen Erbsen, frischen Radieschen und würzigem Bärlauch. Die machen uns nicht nur frühlingsfit, sondern bringen auch frischen Schwung in die Küche. Ob als leichter Salat, aromatische Suppen oder feine Beilage – die saisonalen Zutaten lassen sich vielseitig kombinieren und zaubern im Handumdrehen köstliche Gerichte auf den Tisch.

Erbsen-Wasabi-Cremesuppe

Für 4 Personen

Zubereitung 30 Min.

Pro Portion ca. 170 kcal

vegan

2 rote Zwiebeln
3 EL neutrales Öl
200 g TK-Erbsen
2–3 EL Agavendicksaft
400 g Kokosmilch (Dose)
500 ml Gemüsebrühe
Salz
2 Bio-Limetten
100 g Radieschen
2 Stängel Koriandergrün
3 TL Wasabipulver

1 1 Zwiebel schälen und fein würfeln. 1 EL Öl in einem Topf erhitzen und die Zwiebelwürfel darin in ca. 2 Min. glasig dünsten. Die Erbsen hinzufügen und kurz mitdünsten. 1 EL Agavendicksaft dazugeben, etwas karamellisieren, dann mit Kokosmilch und Brühe ablöschen. Alles salzen, einmal aufkochen und bei schwacher Hitze 8 Min. köcheln lassen.

2 Die Limetten heiß waschen und abtrocknen, die Schale abreiben und den Saft auspressen. Für die Salsa die restliche Zwiebel schälen, halbieren und in feine Streifen schneiden. Die restlichen 2 EL Öl mit 1 EL Limettensaft und 1 EL Agavendicksaft verrühren und die Zwiebelstreifen darin marinieren.

3 Die Radieschen waschen, putzen und zuerst in Scheiben, dann in Stifte schneiden. Das Koriandergrün waschen, trocken schütteln, die Blätter abzupfen und grob hacken. Beides zu den Zwiebeln geben und die Salsa mit ½–1 TL Wasabi, Salz und Agavendicksaft süßscharf würzen.

4 Die Suppe fein pürieren und dabei Limettenschale, 2 EL Limettensaft und 2 TL Wasabi untermixen. Mit Salz, Limettensaft und Agavendicksaft abschmecken. Die Suppe auf Teller verteilen und die Salsa darauf anrichten. Dazu passt geröstetes Brot.

Möhrensuppe mit Möhrengrün-Pesto

Für 4 Personen

Zubereitung 50 Min.

Pro Portion ca. 1185 kcal

vegetarisch

Für die Suppe:

50 g bunte Quinoa
Salz | Pfeffer
1 Bund Möhren (250 g)
1 große Süßkartoffel (ca. 350 g)
1 Zwiebel
1 Stück frischer Ingwer (ca. 2 cm)
2 EL Olivenöl
1 Bio-Orange
1 TL Currypulver
750 ml Gemüsebrühe
50 g Sahne
2 Spritzer Limettensaft

Für das Pesto:

1 Bund Möhrengrün (oben)
3 EL Sesam
1 Knoblauchzehe
50 g geröstete gesalzene Mandeln
2 EL Limettensaft
80 ml Olivenöl
½ TL gemahlener Kreuzkümmel
Salz | Pfeffer
Chiliflocken (nach Belieben)

1 Die Quinoa gründlich abspülen. In einem kleinen Topf 90 ml Salzwasser aufkochen. Die Quinoa hineingeben, einmal aufkochen lassen, dann bei schwacher Hitze 20–25 Min. quellen lassen. Zugedeckt warm halten.

2 Inzwischen die Möhren gründlich waschen und putzen, das Möhrengrün beiseitelegen. Möhren in Scheiben schneiden. Süßkartoffel schälen und in ca. 1 cm große Würfel schneiden. Zwiebel und Ingwer schälen und klein würfeln bzw. hacken. Öl in einem Topf erhitzen, die Zwiebel darin andünsten. Möhren und Süßkartoffel zugeben und bei mittlerer Hitze 5–6 Min. andünsten. Dann den Ingwer 1–2 Min. mitdünsten.

3 Die Orange heiß waschen, abtrocknen, Schale abreiben und Saft auspressen. Curry kurz mit dem Gemüse rösten, dann Orangensaft und Gemüsebrühe zugießen. Suppe mit Salz, Pfeffer und 1–2 Msp. Orangenabrieb würzen, in 15–20 Min. fertig garen.

4 Für das Pesto das Möhrengrün waschen und gut trocken schütteln. Grobe Stiele entfernen. Sesam in einer Pfanne ohne Fett rösten, vom Herd nehmen und abkühlen lassen. Knoblauch schälen und grob hacken. Mit Möhrengrün, 2 EL abgekühltem Sesam, Mandeln und Limettensaft pürieren. Dabei nach und nach Olivenöl zugießen. Pesto mit Kreuzkümmel, Salz, Pfeffer und Chili würzig abschmecken.

5 Die Sahne zur Suppe geben und alles fein pürieren. Mit dem Limettensaft abschmecken. Die Suppe auf Teller geben, mit Quinoa, Pesto und Sesam garnieren.

Heißer Tipp

Beim Gemüse kann man ganz nach Lust und Marktangebot variieren – je nachdem, was gerade so zu finden ist. Sehr gut schmecken in der Minestrone auch Spitzkohlstreifen, Zuckerschoten oder Frühlingszwiebeln. Auch Erbsen – frisch oder tiefgekühlt – kann man wunderbar während des Kochens mitgaren.

Minestrone mit jungem Gemüse

Für 4 Personen
Zubereitung 30 Min.
Pro Portion ca. 335 kcal

↗ *mit Speck*

500 g frisches Frühlingsgemüse (z. B. Möhren, Lauch, Zucchini, grüner Spargel)
1 EL Olivenöl
1 kleine Zwiebel
1 Knoblauchzehe
80 g Speckwürfel
1 l Gemüsebrühe
100 g kurze Makkaroni
2 Tomaten
Salz | Pfeffer
4 EL Bärlauchpesto

1 Das Gemüse waschen und putzen, ggf. schälen und in mundgerechte Stückchen schneiden.

2 Das Olivenöl in einem großen Topf erhitzen. Die Zwiebel und den Knoblauch schälen, fein würfeln und mit den Speckwürfeln im Olivenöl 3–4 Min. glasig andünsten. Die Gemüsebrühe zugießen und aufkochen.

3 Die Nudeln in die kochende Brühe geben und ca. 2 Min. kochen. Das Gemüse dazugeben und alles zugedeckt in 10–12 Min. bissfest kochen, dabei ab und zu umrühren.

4 Inzwischen die Tomaten mit kochendem Wasser überbrühen und häuten. Tomaten halbieren, entkernen, ohne die Stielansätze würfeln und zur Suppe geben. Die Minestrone mit Salz und Pfeffer kräftig abschmecken, auf vier Teller verteilen und sofort mit je 1 Klecks Pesto garniert servieren.

Und dazu

Zum Bärlauchomelett passt ein frühlingshafter Salat, z. B. knackig grüner Blattsalat mit Radieschen, jungen Möhren und Kresse. Für ein frisches Dressing 3 EL Joghurt, 2 EL Olivenöl, 1 EL Zitronensaft, 1 TL Honig und 1 TL Senf cremig rühren und nach Belieben mit frischen Kräutern wie Petersilie oder Schnittlauch verfeinern. Ein paar Erdbeerenstücke verleihen dem Salat eine fruchtige Note.

Bärlauchomelett mit Parmesan

Für 4 Personen

Zubereitung 15 Min.

Garen 20 Min.

Pro Portion ca. 330 kcal

vegetarisch

1 Bund Bärlauch (ca. 150 g)
100 g Parmesan (am Stück)
6 Eier (M)
Salz
100 g Sahne
Pfeffer
frisch geriebene Muskatnuss
50 g Butter
frisch geriebener Parmesan

1 Den Backofen auf 120° vorheizen. Den Bärlauch waschen, trocken schütteln und in feine Streifen schneiden. Den Parmesan fein reiben. Die Eier trennen, die Eiweiße und 1 Prise Salz mit den Schneebesen des Handrührgeräts steif schlagen. Die Eigelbe mit der Sahne verquirlen, den Parmesan unterrühren und mit Salz, Pfeffer und Muskatnuss würzen. Bärlauch und Eischnee unter die Masse heben (dabei fällt der Eischnee zusammen, aber er sorgt trotzdem dafür, dass das Omelett schön luftig ist).

2 Die Butter in einer beschichteten, ofenfesten Pfanne zerlassen. Die Eiermasse dazugießen und bei sehr schwacher Hitze zugedeckt ca. 8 Min. garen.

3 Anschließend die Pfanne in den heißen Ofen (Mitte) stellen und das Omelett weitere 8–10 Min. garen, bis die Masse gestockt, aber innen noch feucht ist. Das Omelett auf einen Teller stürzen und wie eine Torte in Stücke schneiden. Zum Servieren mit Parmesan bestreuen. Dazu passt ein frischer Blattsalat.

Geniale Kombi

Spargel und Erdbeere sind nicht nur kulinarisch eine tolle Kombination! Beide Zutaten haben bei uns fast gleichzeitig Saison: Spargel von Ende April bis Juni und Erdbeeren von Mai bis Juli. Dadurch sind sie nicht nur frisch erhältlich, sondern auch eine umweltfreundliche Wahl, da sie keine weiten Transportwege benötigen.

Wildkräuter mit Spargel und Erdbeeren

Für 4 Personen

Zubereitung 25 Min.

Marinieren 15 Min.

Pro Portion ca. 125 kcal

vegan

500 g weißer Spargel
200 g Erdbeeren
½ Bund Sauerampfer
Salz | Pfeffer
1 EL milder Weißweinessig
4 EL Rapsöl

1 Den Spargel waschen und schälen. Die trocknen Enden abschneiden, die rohen Stangen schräg in sehr feine Scheiben schneiden.

2 Die Erdbeeren abbrausen, entkelchen und je nach Größe halbieren oder vierteln. Den Sauerampfer waschen, trocken schütteln und die Blätter fein schneiden. Den Spargel mit den Erdbeeren und dem Sauerampfer mischen.

3 Für das Dressing Salz, Pfeffer, Essig und Öl verrühren und vorsichtig untermischen. Den Salat vor dem Servieren ca. 15 Min. durchziehen lassen.

Mangold-Polenta-Päckchen

Für 4 Personen

Zubereitung 55 Min.

Pro Portion ca. 340 kcal

vegan

2 Schalotten
1 Knoblauchzehe
neutrales Pflanzenöl
250 ml Gemüsebrühe
60 g Instant-Polenta
6 EL Trüffelöl
Salz | Pfeffer
Aceto balsamico
8 große Mangoldblätter
100 g getrocknete Tomaten (in Öl)

Außerdem:
Backpapier für das Blech

1 Schalotten und Knoblauch schälen und fein würfeln. 1 EL Öl in einem Topf erhitzen, Schalotten darin andünsten, Knoblauch kurz mitdünsten. Brühe zugießen und aufkochen. Polenta einrühren und bei schwacher Hitze einige Min. rühren, bis die Masse dickflüssig geworden ist. Dann noch einmal 100 ml Wasser zugießen, wieder zu einer dicklichen Masse einkochen. 2 EL Trüffelöl unterrühren, mit Salz, Pfeffer und einem Schuss Essig würzen, zugedeckt beiseitestellen. Den Backofen auf 120° vorheizen.

2 Den Mangold waschen. Die Stiele abschneiden und anderweitig verwenden. Dicke Blattrippen etwas flach schneiden. Die Blätter portionsweise in kochendem Salzwasser ca. 1 Min. blanchieren. Mit einer Schaumkelle herausheben, kalt abschrecken, abtropfen lassen und gründlich trocken tupfen.

3 Die Tomaten abtropfen lassen und grob würfeln. Die Polenta gut durchrühren. Die Blätter auf der Arbeitsfläche auslegen und die Polenta mittig daraufsetzen. Die Tomaten daraufgeben. Die Blätter seitlich über der Füllung einschlagen und fest aufrollen.

4 Die Päckchen auf einem mit Backpapier ausgelegten Blech im heißen Backofen (Mitte) ca. 10 Min. erhitzen. Dann noch kurz mit etwas Öl in der Pfanne schwenken und zum Servieren mit dem restlichen Trüffelöl beträufeln.

Kräuterpfannkuchen mit Mairübchen

Für 4 Personen

Zubereitung 50 Min.

Pro Portion ca. 340 kcal

vegan

Für die Pfannkuchen:

125 g Vollkornmehl
⅓ TL Kala Namak (Schwefelsalz; ersatzweise Salz)
¼ TL Johannisbrotkernmehl
150 ml Pflanzendrink
1 TL Apfelessig
6 EL neutrales Pflanzenöl
½ Bund Schnittlauch
½ Bund Petersilie

Für die Füllung:

Salz
1 Bund Mairübchen mit Grün (400 g)
100 g Zuckerschoten
1 kleine Knoblauchzehe
50 g Cashewkerne
1 EL Hefeflocken
½ TL Flohsamenschalen
1 EL Zitronensaft
½ Bund Dill

1 Für den Teig Mehl, Kala Namak und Johannisbrotkernmehl mischen. Pflanzendrink, Essig, 2 EL Öl und 100 ml Wasser mit der Mehlmischung glatt rühren. Die Kräuter waschen, trocken schütteln, fein hacken bzw. in Röllchen schneiden. Den Teig mit den Kräutern mischen und ca. 10 Min. quellen lassen.

2 Inzwischen 1 l Salzwasser aufkochen. Die Mairübchen putzen, waschen und in 1 cm breite Spalten schneiden, dann im kochenden Wasser ca. 5 Min. garen. Die Zuckerschoten waschen und ca. 1 Min. mitkochen. Gemüse abgießen, dabei 200 ml Kochwasser auffangen. Das Gemüse kurz in Eiswasser abschrecken, dann warm stellen.

3 In einer Pfanne 1 EL Öl erhitzen. Ein Viertel des Teiges in die Pfanne geben und durch Schwenken verteilen. Den Pfannkuchen bei mittlerer Hitze ca. 2 Min. backen, wenden und ca. 30 Sek. weiterbraten. Auf diese Weise vier Pfannkuchen backen.

4 Das Gemüsewasser erhitzen. Knoblauch schälen und mit Cashewkernen, Hefeflocken, Flohsamenschalen, Zitronensaft und Gemüsewasser in einen Mixer geben. Alles zu einer Sauce pürieren. Den Dill waschen, trocken schütteln und hacken. Die Sauce unter das Gemüse heben, den Dill unterrühren.

5 Die Pfannkuchen auf vier Teller verteilen. Das Gemüse auf je eine Pfannkuchenhälfte geben und die andere Hälfte darüberklappen, dann schnell servieren.

Heißer Tipp

Für ein kerniges Topping 1 EL Sonnenblumenkerne, 1 EL Kürbiskerne und ½ TL Sesam in einer Pfanne ohne Fett rösten, vom Herd nehmen und abkühlen lassen. Die Mischung mit Salz, Pfeffer und nach Belieben mit Chiliflocken abschmecken, dann mit den Schnittlauchröllchen über den fertigen Salat streuen.

Kräuter-Kartoffelsalat mit Radieschen

Für 4 Personen

Zubereitung 25 Min.

Garen 20 Min.

Marinieren 30 Min.

Pro Portion ca. 200 kcal

vegan

1 kg neue Kartoffeln
2 Zwiebeln
125 ml Gemüsebrühe
6 EL Weißweinessig
1 TL Dijon-Senf
Salz | Pfeffer
2 Handvoll gemischte Kräuter (z. B. Kerbel, Petersilie, Portulak, Sauerampfer, Löwenzahn)
1 Bund Radieschen
1 Bund Schnittlauch
3 EL Rapsöl

1 Die Kartoffeln gründlich waschen, in einem Topf mit Wasser bedecken und in ca. 20 Min. weich kochen. Abgießen, ausdampfen und kurz abkühlen lassen, dann pellen und in Scheiben schneiden. Die Zwiebeln schälen und fein würfeln. Die Brühe in einem kleinen Topf erhitzen und die Zwiebelwürfel darin 1–2 Min. ziehen lassen. Essig und Senf verrühren, mit der Brühe mischen und mit Salz und Pfeffer würzen. Die Marinade über die Kartoffeln gießen und zugedeckt ca. 30 Min. durchziehen lassen.

2 Die Kräuter waschen und trocken schütteln, die Blätter abzupfen und grob hacken. Die Radieschen putzen, waschen, in dünne Scheiben schneiden und leicht salzen. Den Schnittlauch waschen, trocken schütteln und in feine Röllchen schneiden. Die gehackten Kräuter mit dem Öl mischen und unter den Kartoffelsalat rühren. Die Radieschen unterheben und den Salat nochmals abschmecken. Mit den Schnittlauchröllchen bestreuen.

Kohlrabi-Fritten mit Apfelketchup

Für 4 Personen

Zubereitung 55 Min.

Pro Portion ca. 835 kcal

vegetarisch

Für das Ketchup:
1 Zwiebel
1 Apfel
1 TL neutrales Öl
2 TL brauner Zucker
1 Dose stückige Tomaten (400 g)
1 EL Apfelessig
½ TL Ingwerpulver
1 Msp. gemahlene Nelken
Salz | Pfeffer

Für die Fritten:
500 g Kohlrabi
50 g Mehl
1 TL Chilipulver
2 Eier (L)
Salz | Pfeffer
100 g Panko (asiatische Semmelbrösel; ersatzweise Semmelbrösel)
6 TL Sesam
ca. 1 l neutrales Öl zum Frittieren

1 Für das Ketchup die Zwiebel schälen und fein würfeln. Den Apfel waschen, halbieren, Kerngehäuse entfernen und Fruchtfleisch grob raspeln. Das Öl in einem kleinen Topf erhitzen, die Zwiebel darin andünsten. Die Apfelraspel zugeben und kurz mitdünsten. Dann mit dem Zucker bestreuen und etwas karamellisieren lassen. Tomaten, Essig, Ingwerpulver, gemahlene Nelken, Salz, Pfeffer und 1–2 EL Wasser hinzufügen und alles aufkochen lassen. Bei mittlerer Hitze offen ca. 10 Min. köcheln lassen.

2 Tomaten-Apfel-Mischung vom Herd nehmen und fein pürieren. Erneut aufkochen und offen 3–4 Min. dicklich einkochen lassen. Bis zum Servieren auskühlen lassen.

3 Für die Fritten Kohlrabi schälen, halbieren und in Stifte schneiden. Das Mehl in einem tiefen Teller mit Chilipulver vermischen. Eier in einem zweiten Teller verquirlen, salzen und pfeffern. In einem dritten Teller Panko mit Sesam mischen.

4 Die Fritten zuerst im Mehl wenden, überschüssiges Mehl abklopfen. Dann die Kohlrabistifte im Ei und schließlich in der Pankomischung wenden, diese etwas festdrücken. Das Öl in einem weiten Topf erhitzen. Die Kohlrabi-Fritten portionsweise im heißen Öl in 3–4 Min. goldbraun frittieren. Mit einem Schaumlöffel herausnehmen und auf Küchenpapier abtropfen lassen. Noch heiß mit dem Apfelketchup servieren.

für die Frühlings-Bowl

Pikante Zuckerschoten

Für 4 Personen

Zubereitung 15 Min.

Pro Portion ca. 110 kcal

vegan

400 g Zuckerschoten
2 Frühlingszwiebeln
2 EL Sesam
2 TL Gochugaru (koreanische Chiliflocken; Asienladen; ersatzweise Pul Biber)
Salz | Pfeffer
2 TL geröstetes Sesamöl

1 Zuckerschoten waschen und bei Bedarf entfädeln. Dann in einem Topf mit Dämpfeinsatz über kochendem Wasser 2–3 Min. garen. Die Frühlingszwiebeln putzen und die welken grünen Teile abschneiden. Die Frühlingszwiebeln waschen und in feine Ringe schneiden. Sesam in einer Pfanne ohne Fett anrösten. Mit Gochugaru, etwas Salz und Pfeffer mischen und herausnehmen.

2 Sesamöl in einer kleinen Pfanne erhitzen, die Frühlingszwiebeln unter Rühren kurz darin anbraten. Zuckerschoten dazugeben und 1–2 Min. unter Wenden erhitzen. Die Sesammischung unterrühren und die Zuckerschoten anrichten.

zu Sushi & Co.

Gewokte Radieschen

Für 4 Personen

Zubereitung 15 Min.

Pro Portion ca. 60 kcal

vegan

2 Bund Radieschen mit schönem Grün
2 EL geröstetes Sesamöl
2 TL Reisessig (ersatzweise Apfelessig)
Salz | Pfeffer

1 Die Radieschen vom Grün trennen, putzen, waschen und je nach Größe halbieren oder vierteln. Das Radieschengrün waschen, gut trocken schütteln und in breite Streifen schneiden.

2 Das Öl in einem Wok erhitzen. Radieschen zugeben und unter ständigem Rühren 2–3 Min. kräftig anbraten. Am Ende den Essig zugießen und das Radieschengrün unterrühren. Mit Salz und Pfeffer abschmecken und in kleinen Schüsseln anrichten.

Heißer Tipp

Das selbst gemachte Pesto in ein sauberes, steriles Glas füllen und die Oberfläche glatt streichen. Eine dünne Schicht Olivenöl darüber schützt das Pesto vor dem Kontakt mit Sauerstoff und verlängert so die Haltbarkeit. Das Glas anschließend fest verschließen und im Kühlschrank aufbewahren – auf diese Weise bleibt das Pesto bis zu zwei Wochen frisch. Nach jeder Entnahme die Oberfläche wieder glätten und eine frische Ölschicht auftragen.

Spaghetti mit Bärlauchpesto

Für 4 Personen

Zubereitung ca. 15 Min.

Pro Portion ca. 395 kcal

vegetarisch

40 g Macadamianusskerne
60 g Bärlauch
20 g Kerbel
50 g Parmesan
120 ml Olivenöl
Salz | Pfeffer
1 TL Zitronensaft
1 Prise Zucker
500 g Spaghetti

1 Die Macadamianüsse grob hacken und in einer kleinen Pfanne ohne Fett goldbraun rösten. Anschließend sofort wieder aus der Pfanne nehmen. Den Bärlauch und den Kerbel waschen und trocken schütteln. Vom Bärlauch die Stiele entfernen, vom Kerbel die Blätter abzupfen. Den Parmesan fein reiben.

2 Die Hälfte der Nüsse mit den Kräutern und dem Olivenöl fein pürieren. Die restlichen Nüsse mit dem Käse unter das Kräuterpüree rühren, dann das Pesto mit Salz, Pfeffer, Zitronensaft und etwas Zucker abschmecken.

3 Die Spaghetti in reichlich kochendem Salzwasser nach Packungsanweisung garen. In ein Sieb abgießen und 1 Tasse Kochwasser auffangen. Die gegarten Nudeln und das Pesto im Kochtopf mischen, dabei etwas Kochwasser zugießen. Mit Salz, Pfeffer und Zitronensaft abschmecken, dann rasch servieren.

One-Pot-Frühlingspasta

Für 4 Personen

Zubereitung 35 Min.

Pro Portion ca. 755 kcal

vegetarisch

1 Zwiebel
2 Kohlrabi
500 g grüner Spargel
400 g Zuckerschoten
2 EL Rapsöl
800 ml Milch
Salz | Pfeffer
frisch geriebene Muskatnuss
400 g Bandnudeln
4 EL Mandelstifte
1 Bund Kerbel
4 EL Ziegenfrischkäse

1 Die Zwiebel schälen und fein würfeln. Die Kohlrabi putzen, schälen und in ca. 1,5 cm große Würfel schneiden. Den Spargel waschen und die holzigen Enden abschneiden. Die Stangen im unteren Drittel schälen, dann schräg in 2–3 cm lange Stücke schneiden. Die Zuckerschoten waschen, abtropfen lassen, entfädeln und schräg in ca. 3 mm schmale Streifen schneiden.

2 Das Öl in einem Topf erhitzen, die Zwiebel darin andünsten. Die Kohlrabi zugeben und unter Rühren 2–3 Min. andünsten. Die Milch und 250 ml Wasser zugießen und alles aufkochen lassen. Mit Salz, Pfeffer und Muskatnuss würzen. Die Nudeln zugeben und 15–18 Min. bei mittlerer Hitze offen garen. Dabei am Anfang ab und zu, gegen Garzeitende öfter umrühren. Nach ca. 8 Min. Garzeit die Spargelstücke gut unterrühren.

3 Inzwischen eine kleine, beschichtete Pfanne erhitzen. Die Mandelstifte ohne Fett darin rösten und herausnehmen. Den Kerbel waschen und trocken schütteln, die Blättchen von den Stängeln zupfen und fein hacken. Nach Garzeitende den Ziegenfrischkäse unter die Pasta rühren, alles mit Salz und Pfeffer abschmecken. Den Kerbel und die Zuckerschoten zugeben, unter Rühren weitere 1–2 Min. garen. Die Pasta mit den Mandelstiften bestreut servieren.

Und dazu

Für ein Frühlingsgemüse 3 Kohlrabi schälen und in ca. 3 mm dicke Scheiben schneiden. 500 g Möhren schälen und ebenfalls in ca. 3 mm dicke Scheiben schneiden. 120 g Speck in Scheiben in schmale Streifen schneiden, diese in 2 EL Butter bei mittlerer Hitze knusprig braten. Gemüse dazugeben, unter Rühren ca. 2 Min. mitbraten. 100 Brühe hinzufügen, alles zugedeckt ca. 5 Min. garen. 3 Frühlingszwiebeln putzen und waschen, den grünen und weißen Teil getrennt in feine Ringe schneiden. ½ Bund Petersilie und 1 Handvoll Kerbel waschen und trocken schütteln, die Blätter abzupfen und fein hacken. Den weißen Teil der Frühlingszwiebeln unter das Gemüse rühren und alles in 10–12 Min. fertig garen. Kräuter und Frühlingszwiebelgrün unter das Gemüse heben.

Bärlauchgnocchi

Für 4 Personen

Zubereitung 1 Std.

Pro Portion ca. 965 kcal

vegetarisch

3 Bund Bärlauch (ca. 200 g)
2 EL Olivenöl
2 Eier (M)
2 Eigelb (M)
400 g Quark
100 g frisch geriebener Parmesan + mehr zum Bestreuen
60 g Grieß
ca. 300 g Mehl + mehr zum Arbeiten
Salz | Pfeffer
75 g Butter

1 Den Bärlauch waschen, trocken schütteln und mit den Stielen in feine Streifen schneiden. Das Öl in einer Pfanne erhitzen, den Bärlauch darin unter Rühren in 1–3 Min. zusammenfallen lassen. Die Pfanne von der Herdplatte ziehen. Eier und Eigelbe verquirlen, zuerst den Quark, dann Parmesan, Grieß und 250 g Mehl gründlich unterrühren. Den Bärlauch untermischen und so viel Mehl dazugeben, dass ein fester, aber noch feuchter Teig entsteht. Salzen und pfeffern, dann ca. 15 Min. ruhen lassen.

2 Etwas Mehl in einen tiefen Teller geben. Den Teig auf der bemehlten Arbeitsfläche mit bemehlten Händen zu ca. 3 cm dicken Rollen formen, diese in ca. 2 cm dicke Scheiben schneiden. Diese zu Klößchen formen und mit einer Gabel leicht andrücken. Die fertigen Gnocchi im Mehl wenden.

3 In einem großen Topf reichlich Salzwasser aufkochen, die Hitze reduzieren. Die Gnocchi portionsweise ins leicht siedende Wasser geben und bei schwacher Hitze offen in 3–4 Min. gar ziehen lassen – wenn sie nach oben steigen, sind sie fertig. Mit dem Schaumlöffel herausheben und in eine Schüssel geben. Die Butter in einem Pfännchen zerlassen, leicht bräunen lassen und über die Gnocchi geben. Mit geriebenem Parmesan bestreut servieren.

Frühlings-Wok mit Pute

Für 4 Personen

Zubereitung 30 Min.

Pro Portion ca. 400 kcal

↗ *mit Pute*

250 g Langkornreis (parboiled)
1 Stück frischer Ingwer (ca. 4 cm)
½–1 frische rote Chilischote
½ kleiner Spitzkohl
1 kleines Bund Frühlingszwiebeln
100 g Zuckerschoten
1 kleine, reife Mango
4 Putensteaks (à 70 g)
1 EL neutrales Öl
3–4 EL Sojasauce
Salz | Pfeffer

1 650 ml Wasser zum Kochen bringen. Den Reis waschen und abtropfen lassen, dann im kochenden Wasser bei schwacher Hitze zugedeckt 15–20 Min. garen. Den Ingwer schälen und hacken. Die Chilischote waschen, putzen, entkernen und hacken.

2 Spitzkohl, Frühlingszwiebeln und Zuckerschoten waschen und putzen, die Zuckerschoten, falls nötig, entfädeln. Alles in mundgerechte Streifen bzw. Stücke schneiden. Die Mango schälen und in Würfeln vom Stein schneiden. Die Steaks schnetzeln.

3 Das Öl im Wok erhitzen. Ingwer und Chili darin unter Rühren anbraten. Zunächst das Fleisch 1–2 Min. mitbraten. Dann nach und nach Spitzkohl, Frühlingszwiebeln und Zuckerschoten in den Wok geben und jeweils 1 Min. unter Rühren mitbraten. Mangowürfel und gegarten Reis untermischen und mitbraten. Alles mit Sojasauce, Salz und Pfeffer abschmecken und sofort servieren.

Schweinefilet mit Rhabarberchutney

Für 4 Personen

Zubereitung 40 Min.

Marinieren 15 Min.

Garen 20 Min.

Pro Portion ca. 225 kcal

↗ *mit Schwein*

Für das Filet:
je ½ TL schwarze und weiße Pfefferkörner
4 EL neutrales Öl
750 g Schweinefilet
Salz | Pfeffer

Für das Chutney:
250 g Erdbeeren
500 g Rhabarber
2 Schalotten
1 rote Chilischote
50 g gehackte Mandeln
150 g Gelierzucker 3:1
100 ml milder Weißweinessig
1 TL Meersalz
1 TL grüner Pfeffer (Glas)
1 TL Aceto balsamico

1 Für das Filet die Pfefferkörner im Mörser grob zerstoßen und mit 1 EL Öl mischen. Das Fleisch damit bestreichen, in Frischhaltefolie wickeln und kühl stellen.

2 Für das Chutney die Erdbeeren abbrausen, entkelchen und trocken tupfen. Den Rhabarber waschen, falls nötig, schälen und die Enden abschneiden. Erdbeeren und Rhabarber klein würfeln. Die Schalotten schälen und fein würfeln. Die Chilischote halbieren, entkernen, waschen und fein hacken. Die vorbereiteten Zutaten mit Mandeln, Gelierzucker, Weißweinessig und Meersalz in einem Topf bei schwacher Hitze ca. 15 Min. ziehen lassen. Grünen Pfeffer dazugeben und alles aufkochen. Dann bei mittlerer Hitze unter Rühren ca. 20 Min. sämig einköcheln lassen und mit dem Weißweinessig abschmecken.

3 Inzwischen den Backofen auf 220° vorheizen. Das restliche Öl in einer Pfanne erhitzen und das Schweinefilet darin rundherum braun anbraten. Mit Salz und Pfeffer würzen. Die Backofentemperatur auf 100° reduzieren. Das Fleisch in eine ofenfeste Form legen und im heißen Ofen (Mitte) ca. 20 Min. garen. Herausnehmen, 3–4 Min. abgedeckt ruhen lassen und in Scheiben schneiden. Mit dem Chutney servieren. Dazu passen Reis, Pellkartoffeln oder Baguette.

Heißer Tipp

Das noch heiße Chutney in saubere Gläser füllen, sofort verschließen und abkühlen lassen. Auf diese Weise entsteht im Glas ein Vakuum, das die Haltbarkeit des Chutneys verlängert. An einem dunklen und kühlen Ort, z. B. im Keller oder im Vorratsschrank, hält sich das Chutney mehrere Monate.

Knackiger Spargel, saftig-süße Erdbeeren – diese Kombination schafft so ein aufregendes Mundgefühl, bei dem sich jeder Bissen lebendig anfühlt. Gleichzeitig verwöhnt das Dream-Team nicht nur den Gaumen, sondern auch die Augen: Der satte Grün- oder Weißton des Spargels neben den leuchtend roten Erdbeeren bringt Farbe auf den Teller und macht jedes Gericht zu einem optischen Highlight.

Geniale Kombi

Spargel-Linsen-Salat mit Erdbeeren

Für 4 Personen

Zubereitung 30 Min.

Pro Portion 320 kcal

vegan

200 g Belugalinsen
1 kleines Bund Frankfurter Grüne Kräuter (ersatzweise je ca. 15 g Schnittlauch, Petersilie und Basilikum)
200 g Sojaghurt
1 TL Senf
4 EL Zitronensaft
1 TL Agavendicksaft
3 EL Leinöl
Salz | Pfeffer
500 g grüner Spargel
250 g Erdbeeren
1 EL Olivenöl

1 Die Linsen waschen und in einem Topf in wenig Wasser nach Packungsanweisung weich garen. Inzwischen für das Dressing die Kräuter waschen und trocken schleudern. Die Blätter abzupfen und grob hacken, in einen hohen Rührbecher geben. Sojaghurt, Senf, 2 EL Zitronensaft und Agavendicksaft dazugeben und alles mit dem Pürierstab zu einer cremigen Masse pürieren. Das Leinöl unterrühren und das Dressing mit Salz und Pfeffer würzig abschmecken.

2 Den Spargel waschen und im unteren Drittel schälen, die holzigen Enden abschneiden. Die Stangen schräg in ca. 3 cm lange Stücke schneiden. Die Erdbeeren abbrausen, entkelchen und in 1–2 cm große Stücke schneiden.

3 Das Olivenöl und den restlichen Zitronensaft in einer großen Pfanne erhitzen und den Spargel darin bei starker Hitze je nach Dicke 5–10 Min. anbraten, dabei öfter wenden. Spargel und Linsen in eine Salatschüssel geben und ca. 10 Min. abkühlen lassen.

4 Zum Servieren das Dressing zu Spargel und Linsen geben und untermischen, den Salat nochmals abschmecken und lauwarm auf Teller verteilen. Die Erdbeeren drüberstreuen.

So schmeckt's auch

Auch andere Wildkräuter schmecken toll in diesen herzhaften Frikadellen: Löwenzahn, Giersch oder Brennnessel sind wunderbare Alternativen. Sie verleihen den Frikadellen ein würziges Aroma und bringen wertvolle Nährstoffe mit. Wichtig ist, Wildkräuter vor der Verwendung gründlich zu waschen und eher junge, zarte Blätter zu verwenden, die besonders mild schmecken. Außerhalb der Saison passen auch Rucola oder Baby-Blattspinat. So lässt sich dieses Rezept ganz nach Verfügbarkeit variieren und immer wieder neu entdecken.

Bärlauchfrikadellen

Für 4 Personen

Zubereitung 45 Min.

Pro Portion ca. 605 kcal

↗ *mit Hack*

2 Scheiben Toastbrot
1 Zwiebel
80 g Bärlauch
500 g gemischtes Hackfleisch
2 EL Magerquark
1 Ei
Salz | Pfeffer
2 EL Öl
250 g passierte Tomaten
150 g Crème fraîche
2 EL Ajvar (Paprikapaste)

Außerdem:
Öl zum Formen

1 Das Toastbrot in kaltem Wasser einweichen. Die Zwiebel schälen und fein würfeln. Den Bärlauch waschen, trocken schleudern und ohne harte Stiele hacken. Das Brot ausdrücken und zerpflücken, mit der Zwiebel und dem Bärlauch zum Hackfleisch geben. Quark und Ei hinzufügen, alles gut mischen und mit Salz und Pfeffer kräftig würzen.

2 Mit eingeölten Händen aus der Masse acht Frikadellen formen. Öl erhitzen, die Frikadellen darin bei nicht zu starker Hitze auf jeder Seite 7–8 Min. braten. Anschließend warm stellen.

3 Für die Sauce die Tomaten und die Crème fraîche in die Pfanne geben und aufkochen. Ajvar einrühren und die Sauce salzen und pfeffern. Die Frikadellen mit der Sauce anrichten.

Lammkeule mit Kräutersalsa

Für 4 Portionen

Zubereitung 30 Min.

Garen 2 Std.

Pro Portion ca. 650 kcal

↗ *mit Lamm*

Für Fleisch und Sud:
800 g Lammkeule ohne Knochen
2 EL Zitronensaft
Salz
Cayennepfeffer
1 ½ l Fleischbrühe
1 Lorbeerblatt

Für die Kräutersalsa:
1 Bund Schnittlauch
je 1 dickes Bund Basilikum und Petersilie
2 frische Knoblauchzehen
½ Bio-Zitrone
4 Sardellenfilets (in Öl)
1 EL Kapern
2–3 EL Semmelbrösel
1–2 EL Fleischbrühe
50–60 ml Olivenöl
Salz
Cayennepfeffer

1 Das Lammfleisch mit Zitronensaft, Salz und Cayennepfeffer einreiben. Die Brühe in einem großen Schmortopf aufkochen, das Lorbeerblatt dazugeben. Die Lammkeule in den kochenden Sud geben. Die Hitze reduzieren und das Fleisch zugedeckt bei schwacher Hitze in ca. 2 Std. gar ziehen lassen.

2 Für die Salsa die Kräuter waschen und trocken schütteln. Den Schnittlauch in feine Röllchen schneiden. Basilikum- und Petersilienblättchen abzupfen. Knoblauch schälen. Die Bio-Zitrone waschen, die Schale abreiben und den Saft auspressen. Die Sardellenfilets abtropfen lassen.

3 Basilikum, Petersilie, Knoblauch und Sardellen mit den Kapern, 2 EL Semmelbröseln, 1 EL Zitronensaft, 1 EL Brühe und 50 ml Olivenöl pürieren. Falls nötig, etwas mehr Brühe, Öl oder Semmelbrösel untermixen, bis die Sauce schön cremig ist. Die Sauce mit Schnittlauch, 1 TL Zitronenschale, Salz und Cayennepfeffer mischen, abschmecken und kühl stellen.

4 Das Fleisch aus dem Sud heben, in sehr dünne Scheiben schneiden und mit etwas Sud und Salsa servieren. Dazu passen Pellkartoffeln und Frühlingsgemüse.

Und dazu

Zu diesem feinen Gericht passen neue Kartoffeln in allen Varianten – einfach pur gekocht, als Bratkartoffeln oder als feine Rösti. Auch ein knuspriges Baguette oder luftiges Ciabatta mit Butter oder Olivenöl ist eine gute Ergänzung zu Fisch und Salat.

Bärlauchsalat mit Rotbarsch

Für 4 Personen

Zubereitung 40 Min.

Pro Portion ca. 480 kcal

✳ *mit Fisch*

2 kleine Kohlrabi
300 g Bundmöhren
4 EL Öl
Salz | Pfeffer
400 ml Fischfond (Glas)
600 g Rotbarschfilet
200 g Bärlauch
3 EL Weißweinessig
3 Eigelb
2 TL süßer Senf
125 g Sahne

1 Die Kohlrabi putzen, schälen und vierteln. Die Möhren putzen, waschen und eventuell schälen. Beides in dünne Scheiben schneiden. In 2 EL Öl 5 Min. dünsten, salzen und pfeffern.

2 Den Fischfond mit 600 ml Wasser aufkochen. Den Fisch in den Sud legen und zugedeckt bei schwacher Hitze ca. 7 Min. ziehen lassen, dann herausnehmen, abkühlen lassen und in Scheiben oder mundgerechte Stücke schneiden. Den Sud auffangen.

3 Den Bärlauch waschen und trocken schütteln, die groben Stiele entfernen und die Blätter grob zerteilen. Mit Gemüse und Fisch anrichten. Essig, Salz, Pfeffer und 2 EL Öl verrühren und über den Fischsalat träufeln.

4 Die Eigelbe mit Senf, 5 EL Fischsud und der Sahne in einem Topf unter ständigem Rühren erhitzen (nicht kochen lassen!), bis die Sauce bindet. Die Sauce über den Salat verteilen.

Topfenknödel mit Rhabarberkompott

Für 4 Personen

Zubereitung 55 Min.

Pro Portion ca. 830 kcal

vegetarisch

Für die Knödel:
500 g Magerquark (Topfen)
4 Scheiben Weißbrot (vom Vortag, ca. 400 g)
50 g weiche Butter
60 g Zucker
1 Pck. Vanillezucker
1 Ei (M)
2 Eigelb (M)
1 TL abgeriebene Bio-Zitronenschale
Salz

Für das Kompott:
500 g Rhabarber
1 Vanilleschote
100 g Zucker

Für die Brösel:
2 EL Semmelbrösel
50 g gemahlene Haselnusskerne
2 EL Puderzucker

1 Für die Knödel den Quark in ein sauberes Geschirrtuch geben und fest ausdrücken. Das Brot entrinden und im Blitzhacker fein zerbröseln. Die Butter mit 40 g Zucker, Vanillezucker, Ei, Eigelben und Zitronenschale cremig verrühren. Die Brotbrösel und den ausgedrückten Quark unterrühren. Die Topfenmasse zugedeckt im Kühlschrank ca. 30 Min. ruhen lassen.

2 Inzwischen für das Kompott den Rhabarber waschen, falls nötig, schälen und die Enden abschneiden. Die Stangen in dünne Scheiben schneiden. Die Vanilleschote längs aufschneiden und das Mark herauskratzen. 150 ml Wasser mit dem Zucker sowie Vanillemark und -schote unter Rühren aufkochen und ca. 2 Min. köcheln lassen. Den Rhabarber dazugeben und bei schwacher Hitze 5–7 Min. ziehen lassen. Anschließend das Kompott vom Herd ziehen und etwas abkühlen lassen.

3 In einem großen Topf reichlich Wasser mit ½ TL Salz und 2 EL Zucker zum Kochen bringen. Aus der Topfenmasse mit zwei Esslöffeln 8 Nocken abstechen und zu Knödeln formen. Die Knödel im leicht siedenden Wasser in 8–10 Min. gar ziehen lassen. Mit dem Schaumlöffel herausheben und abtropfen lassen.

4 Für die Brösel die Semmelbrösel mit den Haselnüssen und dem Puderzucker mischen und in einer Pfanne ohne Fett goldbraun rösten. Die Topfenknödel mit den Nussbröseln bestreuen und mit dem Rhabarberkompott in tiefen Tellern anrichten.

Gebackene Holunderblüten

Für 16 Stück

Zubereitung 30 Min.

Pro Stück ca. 100 kcal

vegetarisch

50 g Butter
200 g Mehl
Salz
250 ml Mineralwasser
2 Eier
1 Pck. Vanillezucker
1 EL Zucker
16 frisch gepflückte Holunderblüten mit Stiel

Außerdem:
Öl oder Butterschmalz zum Ausbacken
Puderzucker zum Bestäuben

1 Die Butter schmelzen. Das Mehl mit 1 Prise Salz und dem Mineralwasser glatt rühren. Die Eier trennen. Die Eigelbe und die Butter unter den Teig rühren. Die Eiweiße mit dem Vanillezucker und Zucker steif schlagen und unterheben. Die Holunderblüten verlesen (Achtung, die Blüten vorher nicht waschen).

2 Öl oder Butterschmalz in einem flachen Topf erhitzen. Es ist heiß genug, wenn an einem ins Fett getauchten Holzlöffel Bläschen aufsteigen.

3 Die Holunderblüten am Stiel anfassen und in den Teig tauchen. Jetzt mit dem Stiel nach oben in das heiße Fett tauchen und goldbraun ausbacken. Gebackene Holunderblüten auf Küchenpapier abtropfen lassen. Zum Servieren mit Puderzucker bestreuen.

Möhren-Muffins

Für 12 Stück

Zubereitung 30 Min.

Backen 25 Min.

Pro Stück ca. 305 kcal

vegetarisch

250 g Möhren
1 Bio-Orange
50 g gemahlene Haselnusskerne
200 g Mehl
2 TL Backpulver
1 Ei
150 g brauner Zucker
100 ml neutrales Öl
200 g Naturjoghurt
175 g Puderzucker
3 EL lauwarme Milch
1 EL Waldmeistersirup
(nach Belieben)

Außerdem:
12er-Muffinform
12 Marzipanmöhrchen

1 Den Backofen auf 180° (Mitte, Umluft 160°) vorheizen. Die Mulden der Form fetten oder Papierförmchen hineinsetzen.

2 Die Möhren waschen, schälen und fein reiben. Schale der Orange abreiben und Saft auspressen. Beides mit den Möhrenraspeln mischen. Haselnüsse kurz anrösten. Mehl mit Backpulver und Haselnüssen mischen.

3 Ei mit Zucker, Öl und Joghurt mischen. Möhrenraspel und Mehlmischung zügig unterrühren. Den Teig in die Mulden füllen. Im vorgeheizten Backofen (Mitte) 20–25 Min. backen. Anschließend die Muffinform herausnehmen und etwas abkühlen lassen. Dann die Muffins aus den Formen lösen.

4 Den Puderzucker mit Milch und nach Belieben Waldmeistersirup zu einem dickflüssigen Guss verrühren. Die Muffins damit glasieren. Zuletzt die Marzipanmöhrchen daraufsetzen.

Alles

Erdbeere

Der Frühling zeigt sich von seiner schönsten Seite und die süßen, leuchtend roten Früchte sind die Stars der Saison. Ob in Desserts, Salaten oder als fruchtiges Highlight in herzhaften Gerichten – Erdbeeren bringen die Sonne auf den Teller und versüßen uns die ersten warmen Tage. Frisch vom Feld oder vom Markt schmecken sie am besten und laden dazu ein, neue Rezepte auszuprobieren. Jetzt heißt es: Den Frühling genießen und sich von der Erdbeer-Vielfalt inspirieren lassen!

Vitamine eiskalt

Erdbeer-Tomaten-Smoothie

Für 4 Personen

Zubereitung 15 Min.

Pro Portion ca. 90 kcal

vegetarisch

500 g Erdbeeren
500 g Tomaten
8 Stängel Basilikum
1 kräftige Prise Salz
2 EL Honig
ca. ½ TL Chiliflocken
20 Eiswürfel

Außerdem:
Basilikumblättchen zum Dekorieren

1 Die Erdbeeren abbrausen und gut abtropfen lassen, dann entkelchen und grob würfeln. Die Tomaten waschen und ebenfalls in grobe Würfel schneiden, dabei die Stielansätze entfernen. Das Basilikum waschen und gut trocken schütteln, die Blättchen abzupfen und grob hacken.

2 Die Erdbeeren mit Tomaten, Basilikum, Salz, Honig, Chiliflocken, 300 ml kaltem Wasser und den Eiswürfeln in den Mixer füllen. Alles kräftig pürieren, bis die Eiswürfel fast vollständig zerkleinert, aber noch nicht aufgelöst sind.

3 Den Smoothie in hohe Gläser füllen und jeweils mit ein paar Basilikumblättchen dekorieren. Sofort servieren.

Frühstück über Nacht

Erdbeer-Chia-Müsli im Glas

Für 4 Personen

Zubereitung 10 Min.

Ziehen 2–8 Std.

Pro Portion ca. 295 kcal

vegan

300 g Erdbeeren
4 TL Chia-Samen
2 Vanilleschoten
400 ml Pflanzendrink
12 EL Dinkelflocken (140 g; ersatzweise Haferflocken)
12 EL gepuffte Quinoa (60 g; Bio-Laden)
8 EL pflanzlicher Joghurt

1 Die Erdbeeren abbrausen, abtropfen lassen und entkelchen. Dann fein pürieren, mit den Chia-Samen verrühren und die Sauce ca. 5 Min. quellen lassen.

2 Die Vanilleschoten längs aufschneiden, das Mark herauskratzen und die Hälfte unter die Erdbeersauce rühren. Restliches Vanillemark mit dem Pflanzendrink verrühren.

3 Dinkelflocken, Quinoa und Joghurt auf 4 Twist-off-Gläser verteilen. Mit dem Pflanzendrink verrühren, die Erdbeersauce auf dem Müsli verteilen und die Gläser verschließen. Im Kühlschrank 2–8 Std. (oder über Nacht) ziehen lassen. Vor dem Servieren einige Min. Zimmertemperatur annehmen lassen.

Erdbeer-Ziegenkäse-Carpaccio

Für 4 Personen

Zubereitung 35 Min.

Pro Portion ca. 410 kcal

vegetarisch

Für den Balsamico-Kakao-Sirup:
100 ml Aceto balsamico
30 g Rohrzucker
1 TL Kakaopulver

Für den Salat:
4 EL Kürbiskerne
½ rote Zwiebel
4 Stängel Melisse
400 g Erdbeeren
200 g Ziegenweichkäse
15 cm Ciabatta

Außerdem:
Salz | Pfeffer
Öl zum Ausbacken

1 Für den Sirup Essig mit Zucker und 1 Prise Salz in einem Topf bei mittlerer Hitze in ca. 5 Min. leicht dicklich einkochen lassen. Das Kakaopulver unterrühren und kurz weiterköcheln. Vom Herd nehmen und lauwarm abkühlen lassen.

2 Den Backofen auf 100° vorheizen. Kürbiskerne in einer Pfanne ohne Fett hellbraun anrösten und sofort herausnehmen. Die Zwiebel schälen und in feine Streifen schneiden. Melisse waschen und trocken tupfen, die Blätter abzupfen. Erdbeeren abbrausen, entkelchen und in Scheiben schneiden. Käse in Scheiben schneiden und auf vier Tellern auslegen.

3 In der Pfanne 0,5 cm hoch Öl erhitzen. Das Brot in dünne Scheiben schneiden, portionsweise von beiden Seiten goldbraun braten und auf Küchenpapier abtropfen lassen. Die Teller für 1–2 Min. in den Ofen stellen, sodass der Käse leicht erwärmt ist.

4 Den Käse mit dem Sirup beträufeln. Zwiebel, Erdbeeren, Melisse und Kürbiskerne darauf verteilen. Etwas Pfeffer grob darübermahlen und nach Belieben noch mit etwas Salz bestreuen. Mit dem Röstbrot servieren.

Chicorée-Hähnchen-Salat

Für 4 Personen

Zubereitung 30 Min.

Pro Portion ca. 440 kcal

↗ *mit Huhn*

2 Hähnchenbrüste (à 150 g)
Salz
Cayennepfeffer
1 EL Honig
2 EL Sesamöl
250 g weißer Spargel
4 EL Aceto balsamico bianco (ersatzweise Weißweinessig)
Zucker
8 EL Traubenkernöl (ersatzweise Sonnenblumenöl)
40 g Butter
4 Chicorée (à 100 g)
250 g Erdbeeren

1 Hähnchenbrüste mit Salz und Cayennepfeffer würzen. Honig mit Sesamöl verrühren und die Hühnerbrüste darin wenden.

2 Spargel schälen und die Enden abschneiden. Die Stangen schräg in ½ cm dicke Scheiben schneiden. Aus Essig, 1 Prise Salz, 1 Prise Zucker und Öl eine Sauce rühren und die Spargelabschnitte darin marinieren.

3 Die Hühnerbrüste in der Butter auf jeder Seite ca. 2 Min. anbraten. Die Hitze reduzieren und die Hühnerbrüste in ca. 10 Min. fertig garen, dabei ab und zu wenden. Wenn sie sich bei sanftem Fingerdruck fest anfühlen, sind sie fertig.

4 Von den Chicorée die Strünke entfernen, Blätter waschen und abtropfen lassen. Erdbeeren abbrausen und entkelchen.

5 Chicorée in breite Streifen schneiden und auf Tellern anrichten. Erdbeeren vierteln und den Salat damit garnieren, die Sauce mit den Spargelstücken darübergeben. Die Hühnerbrüste in Scheiben schneiden und auf dem Salat anrichten.

Fruchtige Frühlings-Bowl

Für 4 Personen

Zubereitung 25 Min.

Pro Portion ca. 665 kcal

↗ *mit Huhn*

400 g Hähnchenbrustfilet
Salz | Pfeffer
8 EL Olivenöl
1 Zweig Thymian
1 Knoblauchzehe
1 Salatgurke
1 Kohlrabi
500 g grüner Spargel
12 Erdbeeren
20 Datteltomaten
2 Avocado
2 EL Limettensaft
2 Stängel Zitronenmelisse
6 EL Aceto balsamico
2 EL scharfer Senf
2 TL Honig

1 Hähnchenbrust kalt abbrausen, trocken tupfen, rundum salzen und pfeffern. 1 EL Öl mit Thymianzweig und ganzer Knoblauchzehe in einer Pfanne erhitzen, die Hähnchenbrust darin in ca. 5 Min. von jeder Seite kross anbraten, dann in weiteren 5 Min. durchgaren.

2 Inzwischen die Gurke waschen und quer in Scheiben schneiden. Den Kohlrabi schälen und grob stifteln. Den Spargel waschen, das untere Drittel schälen und die holzigen Enden abschneiden. Spargelstangen in mundgerechte Stücke schneiden. 1 EL Öl in einer zweiten Pfanne erhitzen und den Spargel darin in ca. 4 Min. unter Rühren kross anbraten.

3 Die Erdbeeren und Tomaten waschen, putzen und sehr fein würfeln. Die Avocado halbieren und den Stein entfernen. Das Fruchtfleisch aus der Schale lösen und ebenfalls in kleine Würfel schneiden. Sofort mit dem Limettensaft mischen. Die Zitronenmelisse waschen, trocken schütteln, die Blättchen abzupfen, diese in feine Streifen schneiden und mit Erdbeeren und Tomaten unter die Avocadomischung heben. Aceto balsamico mit Senf, Honig und restlichem Öl mischen, mit Salz und Pfeffer würzen und das Dressing unter die Avocadomischung heben.

4 Zum Anrichten das vorbereitete Gemüse auf Schüsseln verteilen, die Hähnchenbrust in Scheiben schneiden, mit der Salsa auf dem Gemüse verteilen und die Bowls sofort servieren.

Erdbeer-Tomaten-Kuchen

Für 12 Stücke

Zubereitung 1 Std. 15 Min.

Ruhen 20 Min.

Backen 30 Min.

Pro Stück ca. 160 kcal

vegetarisch

200 ml Milch
1 EL Zucker
30 g Hefe
400 g Mehl + mehr zum Arbeiten
50 g Butter
2 Eier
Salz
3 EL Aceto balsamico
schwarzer Pfeffer
3 EL Olivenöl
500 g Fleischtomaten
500 g Erdbeeren
3 Zweige Oregano
250 g Mozzarella

1 Milch mit Zucker erwärmen, Hefe unter Rühren darin auflösen. Mehl in eine Schüssel geben, eine Mulde hineindrücken, Hefemilch hineingießen und mit Mehl bestäuben. Mit Küchentuch abdecken und ca. 10 Min. an einen warmen Ort stellen.

2 Butter schmelzen und in die Schüssel geben, ebenso Eier und 1 TL Salz. Alles mit einem Holzlöffel vermischen, dann mit den Händen ca. 10 Min. lang kneten, bis der Teig zu glänzen beginnt. Etwas Mehl in die Schüssel streuen, den Teig darin zugedeckt ca. 30 Min. gehen lassen.

3 Inzwischen den Essig mit 1 Prise Salz, Pfeffer und Olivenöl vermischen. Tomaten kurz in kochendes Wasser geben, häuten, entkernen und würfeln. Erdbeeren abbrausen, entkelchen und vierteln. Oregano waschen und trocken schütteln, Blättchen abzupfen und fein hacken. Tomaten, Erdbeeren und Oregano zur Marinade geben und behutsam wenden.

4 Ein Blech mit Backpapier auslegen. Den Teig kurz durchkneten, ausrollen und das Blech damit auskleiden. Noch einmal ca. 10 Min. abgedeckt ruhen lassen. Den Backofen auf 180° vorheizen. Erdbeermischung auf dem Teig verteilen. Mozzarella klein würfeln und darüberstreuen. Ca. 30 Min. im Ofen (Mitte) backen.

Couscous mit Erdbeeren

Für 4 Personen

Zubereitung 20 Min.

Pro Portion ca. 590 kcal

vegetarisch

1 Bund Frühlingszwiebeln
200 g Instant-Couscous
Salz | Pfeffer
2 Limetten
2 EL Honig
1 TL gemahlener Kardamom
2 Knoblauchzehen
5 EL neutrales Öl
300 g Erdbeeren
1 reife Avocado
1 Handvoll Minzeblätter
200 g Ziegenfrischkäserolle mit Honig

1 Die Frühlingszwiebeln putzen, waschen und in feine Ringe schneiden. Diese in einer Schüssel mit dem Couscous mischen, salzen und pfeffern. Mit 300 ml kochendem Wasser übergießen und zugedeckt bis zur Weiterverarbeitung quellen lassen.

2 Inzwischen für das Dressing die Limetten auspressen und 4 EL Saft mit Honig und Kardamom verrühren. Den Knoblauch schälen und dazupressen, das Öl unterrühren und mit Salz und Pfeffer abschmecken.

3 Erdbeeren abbrausen, entkelchen und in Scheiben schneiden. Die Avocado halbieren, entkernen, schälen und in Spalten schneiden. Minze waschen, trocken tupfen und etwas klein zupfen. Den Ziegenkäse in Scheiben schneiden.

4 Den Couscous portionsweise in eine Tasse drücken und auf Teller stürzen. Erdbeeren, Ziegenkäse, Avocado und Minze darum herum verteilen. Mit dem Dressing beträufeln und mit grob gemahlenem Pfeffer bestreuen.

Heißer Tipp

Erdbeeren und Pfeffer sind inzwischen eine fast klassische Kombination. Fans dieser fruchtig-scharfen Mischung garnieren zusätzlich mit 2 TL eingelegtem grünem Pfeffer und 150 g geräucherter Putenbrust (in Scheiben). Alle Zutaten wie beschrieben vorbereiten. Die Putenbrust klein zupfen. Den Couscous wie beschrieben formen und anrichten. Die Putenbrust mit den restlichen Zutaten um den Couscous verteilen. Mit Dressing beträufelt und mit Pfeffer bestreut servieren.

Spargel und Erdbeeren haben etwas gemeinsam: Beide Zutaten sind leicht und frisch, sie belasten nicht, sondern geben Energie. Als Salat bringen Sie genau diese Leichtigkeit und Frische auf den Teller – ideal für die ersten warmen Tage!

Spargelsalat mit Erdbeeren

Für 4 Personen

Zubereitung 35 Min.

Pro Portion ca. 230 kcal

vegetarisch

2 Bund grüner Spargel (1 kg)
600 g Rhabarber
700 g reife, aromatische Erdbeeren
100 g Baby-Blattspinat
8 Stängel Minze
4 TL Akazienhonig
4 TL Dijon-Senf
2 TL Sherryessig
Salz | Pfeffer
4 EL Mandelöl (oder Avocadoöl)
Chiliflocken (z. B. Piment d'Espelette)

1 Den Spargel im unteren Drittel schälen und die holzigen Enden abschneiden. Die Stangen waschen, schräg in ca. 4 cm lange Stücke schneiden und in einen Dämpfeinsatz geben. Die Spargelspitzen beiseitelegen.

2 Den Rhabarber schälen und in 3–4 cm lange Stücke schneiden. Die Erdbeeren abbrausen, trocken tupfen und entkelchen. Den Spinat verlesen, gründlich waschen und trocken schleudern. Die Minze waschen und trocken tupfen, die Blätter abzupfen und größere Blätter klein zupfen.

3 Spargelstücke über dem Dampf ca. 3 Min. garen, die Spargelspitzen zugeben, ca. 2 Min. mitdämpfen. Rhabarber dazugeben, ca. 1 Min. dämpfen. Den Dämpfeinsatz herausnehmen, alles kalt abbrausen und abtropfen lassen.

4 Für das Dressing 400 g Erdbeeren pürieren. Mit Honig, Senf und Essig verrühren, mit Salz und Pfeffer würzen. Das Öl unterschlagen. Teller mit Spinatblättern auslegen. Spargel und Rhabarber darauf verteilen. Die restlichen Erdbeeren halbieren oder vierteln und darauf verteilen. Das Dressing darüberlöffeln, mit Chiliflocken und Minzeblättchen bestreuen.

ungewöhnlich köstlich

Erdbeer-Risotto

Zutaten für 4 Personen

Zubereitung 35 Min.

Pro Portion ca. 650 kcal

vegetarisch

500 g Erdbeeren
2 Schalotten
750 ml Gemüsebrühe (Glas)
4 EL Sonnenblumenöl
250 g Risottoreis (z. B. Arborio)
250 ml trockener Weißwein
80 g Butter
80 g frisch geriebener Parmesan
Salz | weißer Pfeffer

1 Erdbeeren abbrausen und entkelchen. Die schönere Hälfte auswählen, vierteln und zur Seite stellen, die anderen in kleine Stücke schneiden. Schalotten schälen und fein würfeln. Die Gemüsebrühe erwärmen. Im Topf das Öl erhitzen und die Schalotten darin glasig dünsten. Den Reis hinzufügen und 1 Min. unter ständigem Rühren bei mittlerer Hitze dünsten. 125 ml Wein und Erdbeerstückchen hinzufügen.

2 Wenn der Reis im Topf trocken zu werden beginnt, den restlichen Wein zugießen und weiterrühren. Immer wenn der Reis die Flüssigkeit absorbiert hat, eine Schöpfkelle Brühe hinzufügen. Nach ca. 20 Min. probieren: Die Reiskörner müssen noch Biss haben, dürfen aber natürlich nicht hart sein. Wenn die Konsistenz cremig, aber nicht zu feucht ist, Butter und Parmesan einrühren und die geviertelten Erdbeeren unterheben. Den Risotto mit Salz und Pfeffer abschmecken.

Rehmedaillons mit Erdbeeren

Für 4 Personen

Zubereitung 40 Min.

Pro Portion ca. 620 kcal

↗ *mit Reh*

50 g Butter
4 EL Mehl
500 g Erdbeeren
100 ml Rotwein
100 ml Cassis (schwarzer Johannisbeerlikör)
8 Rehmedaillons (à 100 g)
Salz | Pfeffer
4 EL Erdnussöl (ersatzweise Sonnenblumenöl)
100 ml Wildfond (Glas)
2 EL eingelegter grüner Pfeffer

1 Butter mit 2 EL Mehl verkneten, in Frischhaltefolie wickeln und kalt stellen. Erdbeeren abbrausen und entkelchen, die schönere Hälfte vierteln, die restlichen klein schneiden. In einem Pfännchen Rotwein, Cassis und klein geschnittene Erdbeeren köcheln lassen, bis eine sirupartige Sauce entsteht. Zur Seite stellen.

2 Rehmedaillons auf beiden Seiten salzen und pfeffern und im restlichen Mehl wenden. Den Backofen auf 100° vorheizen. Das Öl erhitzen und Medaillons darin auf jeder Seite ca. 3 Min. braten, in eine ofenfeste Form geben und im Ofen warm stellen.

3 Den Bratensatz in der Pfanne mit Fond ablöschen, unter Rühren aufkochen und auf die Hälfte reduzieren. Die Erdbeeren in der Rotwein-Cassis-Sauce durch ein feines Sieb dazugeben. Fleischsaft, der aus den warm gestellten Medaillons austritt, und grünen Pfeffer dazugeben und ca. 5 Min. köcheln lassen. So viel von der Mehlbutter mit einem Schneebesen einarbeiten, dass eine cremige Sauce entsteht. Mit Salz und Pfeffer abschmecken und die geviertelten Erdbeeren kurz darin erwärmen.

4 Rehmedaillons anrichten und mit Erdbeer- Pfeffer-Sauce überziehen. Dazu schmecken Bandnudeln und in Butter geschwenkter Brokkoli mit Walnüssen.

ungewöhnliche Kombination

Erdbeeren mit Balsamico

Für 4 Personen

Zubereitung 15 Min.

Backen 20 Min.

Pro Portion ca. 70 kcal

vegan

500 g reife Erdbeeren
2 EL Puderzucker
1 Bio-Orange
2 EL Olivenöl
1 EL Aceto balsamico
8 ungewürzte schwarze Oliven
(z. B. Kalamata)

1 Ofen auf 180° vorheizen. Die Erdbeeren abbrausen, vorsichtig trocken tupfen und halbieren, dabei die Kelche entfernen. Die Früchte mit Puderzucker bestreuen und ca. 5 Min. marinieren lassen. Orange heiß waschen, abtrocknen und die Schale fein abreiben. Die Fruchtfilets zwischen den Trennwänden herauslösen, dabei den Saft auffangen. Filets, Schale und Saft unter die Erdbeeren mischen.

2 Ein Backblech mit Backpapier auslegen. Den Fruchtmix darauf verteilen und im Ofen (Mitte) ca. 20 Min. backen. Danach herausnehmen, in eine Schüssel geben und mit Olivenöl sowie Balsamico aromatisieren. Die Oliven entsteinen, sehr fein hacken und unter den Fruchtmix rühren.

3 Der Fruchtsalat kann ofen- oder zimmerwarm serviert werden. Er passt als pikanter Nachtisch zu Zitronensorbet.

feines Dessert

Erdbeeren in Rosé

Für 4 Personen

Zubereitung 20 Min.

Ruhen 2 Std.

Pro Portion ca. 70 kcal

vegan

300 ml milder Roséwein
¼ TL Agar-Agar
200 g reife Erdbeeren
1 TL Zucker (nach Belieben)

Außerdem:
4 Sektschalen oder Dessertgläser

1 Roséwein mit Agar-Agar in einem kleinen Topf einmal kurz aufkochen und ca. 2 Min. köcheln lassen. Dann den Topf vom Herd ziehen und das Gelee einige Min. abkühlen lassen.

2 Inzwischen die Erdbeeren kalt abbrausen, entkelchen und fein schneiden. Nach Belieben und Süße der Beeren mit Zucker bestreuen und ca. 5 Min. ziehen lassen.

3 Erdbeeren in die Gläser verteilen, das Gelee zugießen. Bei Raumtemperatur ca. 2 Std. fest werden lassen, anschließend nach Belieben gekühlt servieren.

Erdbeer-Tiramisu

Für 10 Personen

Zubereitung 40 Min.

Kühlzeit 1 Std.

Pro Portion ca. 400 kcal

vegetarisch

1 kg Erdbeeren
100 g Puderzucker
200 g Sahne
500 g Mascarpone
2 cl Eierlikör
250 g Löffelbiskuits
350 ml Orangensaft
Kakaopulver (nach Belieben)

1 Die schönere Hälfte der Erdbeeren beiseitestellen. Die restlichen Früchte waschen, in mundgerechte Stücke schneiden und 50 g Puderzucker darübersieben.

2 Sahne in einem hohen Gefäß steif schlagen. Mascarpone in eine große Rührschüssel geben und den restlichen Puderzucker und Eierlikör hinzufügen und mit dem Schneebesen sorgfältig verrühren. Die Erdbeerstückchen und die Sahne unterheben.

3 Eine eckige Dessertform mit 2 EL Mascarponecreme ausstreichen. Die Löffelbiskuits kurz in Orangensaft tauchen und die Hälfte davon in die Form schichten. Darüber die Hälfte der Erdbeer-Mascarpone-Creme geben und glatt streichen.

4 Eine zweite Lage getränkter Löffelbiskuits darauf verteilen und mit restlicher Creme bedecken. Mit Frischhaltefolie abdecken und für ca. 1 Std. in den Kühlschrank stellen. Kurz vor dem Servieren die schönen Erdbeeren abbrausen und trocken tupfen, entkelchen und das Tiramisu damit belegen. Anschließend das Tiramisu nach Belieben mit Kakaopulver bestäuben und servieren.

Erdbeer-Kokos-Trifle mit Ingwerstreuseln

Für 4 Personen

Zubereitung 40 Min.

Pro Portion ca. 585 kcal

vegan

Für die Streusel:
80 g Weizenmehl (Type 405)
30 g kernige Haferflocken
80 g Rohrzucker
1 TL Ingwerpulver
Salz
50 g vegane Margarine

Für die Erdbeeren:
2 Bio-Limetten
20 g Rohrzucker
500 g Erdbeeren
2 EL Agavendicksaft

Für die Creme:
100 g Kokoscreme
2 EL Agavendicksaft
250 g ungesüßter Sojaghurt

Außerdem:
Backpapier für das Blech

1 Für die Streusel den Backofen auf 180° vorheizen. Mehl, Haferflocken, Zucker, Ingwerpulver und 1 Prise Salz mischen. Die Margarine in einem Topf schmelzen, die Mehlmischung dazugeben und mit einem Holzlöffel rühren, bis sich Streusel gebildet haben. Die Streusel auf einem mit Backpapier ausgelegten Blech im heißen Backofen (Mitte) in ca. 15 Min. goldbraun backen.

2 Die Limetten heiß waschen und trocken reiben. Die Schale mit einem Zestenreißer abziehen (oder mit einem Sparschäler abschälen und in feine Streifen schneiden) und den Saft auspressen. Die Limettenschale mit ein paar Tropfen Saft beträufeln, im Zucker wenden und beiseitestellen.

3 Die Erdbeeren abbrausen, Kelche entfernen und die Beeren je nach Größe halbieren oder vierteln. 2 EL Limettensaft mit dem Agavendicksaft verrühren und die Erdbeeren darin marinieren.

4 Für die Creme die Kokoscreme in einem Topf schmelzen, dann vom Herd nehmen und mit dem Agavendicksaft und dem restlichen Limettensaft sowie dem Sojaghurt verrühren.

5 Die Streusel abkühlen lassen. Die Hälfte der Erdbeeren auf vier Gläser verteilen und die Hälfte der Streusel daraufgeben. Erst die Creme, dann die restlichen Erdbeeren und Streusel daraufschichten. Die Trifles nach Belieben zugedeckt im Kühlschrank noch etwas durchziehen lassen, mit der gezuckerten Limettenschale bestreuen und servieren.

Erdbeer-Biskuit-Schnitten

Für 1 Backblech (12 Stücke)

Zubereitung 1 Std. 10 Min.

Backen 20 Min.

Kühlen 30 Min.

Pro Stück ca. 315 kcal

mit Gelatine

Für den Biskuitteig:
50 g Butter
4 Eier (M)
125 g Zucker
75 g Mehl
50 g Speisestärke

Für den Belag:
5 Blatt weiße Gelatine
600 g Erdbeeren
75 g Zucker
2 EL Zitronensaft
500 g Sahne

Außerdem:
Backpapier für das Backblech
Zucker zum Bestreuen

1 Ein Backblech mit Backpapier auslegen. Ofen auf 200° vorheizen. Butter schmelzen lassen und beiseitestellen. Eier trennen. Eigelbe, 4 EL heißes Wasser und 100 g Zucker in ca. 3 Min. hellschaumig schlagen. Flüssige Butter unter ständigem Rühren dazugeben. Eiweiße mit restlichem Zucker steif schlagen und auf die Eigelbcreme geben. Mehl und Stärke mischen, daraufsieben und unterheben. Den Teig auf dem Blech verstreichen. Im Ofen (Mitte) ca. 20 Min. backen. Herausnehmen und auf ein mit Zucker bestreutes Küchentuch stürzen. Backpapier abziehen.

2 Gelatine in kaltem Wasser einweichen. Erdbeeren abbrausen, trocken tupfen und entkelchen. 12 Beeren beiseitestellen. Restliche Beeren zerkleinern und mit Zucker pürieren. Zitronensaft erwärmen, Gelatine tropfnass zugeben und auflösen. Erdbeerpüree zugeben, zügig unterrühren, ca. 15 Min. kalt stellen. Die Sahne steif schlagen. Sobald das Püree zu gelieren beginnt, 400 g Sahne unterheben.

3 Biskuit halbieren und eine Hälfte auf das Blech legen. Einen Backrahmen um die Hälfte stellen. Erdbeersahne auf der Biskuithälfte glatt streichen. Die zweite Hälfte darauflegen und leicht andrücken. Dann ca. 30 Min. kalt stellen.

4 Den oberen Biskuit mit der restlichen Sahne bestreichen. Die restlichen Beeren halbieren und darauflegen.

So schmeckt's auch

Im Sommer werden aus diesem Rezept Schwarzwälder Kirsch-Schnitten: Den Biskuitteig zubereiten, dabei 2 gestrichene EL Kakaopulver mit Mehl und Stärke mischen, backen. 500 g Kirschen waschen, trocken tupfen und entsteinen. Mit 4 EL Kirschwasser beträufeln. 500 g Sahne, 2 Pck. Sahnefestiger und 2–3 EL Zucker steif schlagen. Das Backpapier abnehmen, Biskuit mit 4 EL Kirschwasser beträufeln und halbieren. Sahne auf eine Biskuithälfte streichen, Kirschen darauf verteilen. Zweite Hälfte darauflegen und mit 1 EL Kakaopulver bestäuben.

Erdbeertarte mit Marsala

Für 1 Springform (26 cm Ø; ergibt 10 Stücke)
Zubereitung 50 Min.
Ruhen 1 Std.
Pro Portion ca. 255 kcal

vegetarisch

200 g Mehl
50 g Zucker
1 Prise Salz
2 Eigelb
100 g kalte Butter
Butter für die Form
Mehl für die Arbeitsfläche

Für den Belag:
4 Eigelb
50 g Zucker
⅛ l trockener Marsala
400 g große Erdbeeren
Puderzucker nach Belieben

1 Mehl auf ein Backbrett sieben, mit Zucker, Salz, Eigelben und Butter in kleinen Würfeln vermengen. Zu einem glatten Teig verkneten, zur Kugel formen und in Frischhaltefolie ca. 1 Std. im Kühlschrank ruhen lassen.

2 Backofen auf 175° vorheizen. Die Form mit Butter einfetten. Den Teig auf bemehlter Arbeitsfläche ausrollen, die Form damit auslegen und einen Rand von 2 cm hochziehen. Den Boden mehrfach mit einer Gabel einstechen, damit er gleichmäßig aufgeht. Im Ofen (Mitte, Umluft 160°) 20 Min. backen.

3 Inzwischen im Wasserbad Eigelbe mit Zucker 5 Min. mit dem Rührmixer hellcremig aufschlagen, nach und nach Marsala hinzufügen und 5 Min. rühren, bis eine cremige Masse entsteht. Aus dem Wasserbad nehmen und etwas abkühlen lassen.

4 Den Boden aus dem Ofen nehmen und die Marsala-Sabayon darauf verstreichen. Für weitere 5 Min. in den Ofen stellen.

5 Tarte aus dem Ofen nehmen und 10 Min. auskühlen lassen. Erdbeeren abbrausen, entkelchen und in 0,5 cm dicke Scheiben schneiden. Erdbeerscheiben dachziegelartig von außen nach innen auf dem Kuchen anordnen. Nach Belieben mit Puderzucker bestreuen. Am besten schmeckt die Erdbeertarte lauwarm mit ungesüßter, geschlagener Sahne.

Erdbeer-Crumble-Kuchen

Für 20 Stücke

Zubereitung 50 Min.

Backen 30 Min.

Pro Stück ca. 425 kcal

vegetarisch

450 g Mehl
300 g Zucker
Salz
60 g zarte Haferflocken
40 g gehackte Haselnusskerne
390 g Butter
4 Eier (M)
3 TL Backpulver
100 ml Milch
300 g Erdbeeren
500 g Erdbeerkonfitüre

Außerdem:
Backblech (41 × 35 cm)
Butter für das Blech

1 Für die Streusel 200 g Mehl, 100 g Zucker, 1 Prise Salz, Haferflocken und gehackte Nüsse in einer Schüssel mischen. 140 g kalte Butter in Würfeln hinzufügen und das Ganze mit den Knethaken des Handrührgeräts krümelig untermischen. Die Streusel kühl stellen.

2 Den Backofen auf 180° vorheizen. Das Backblech fetten und mit Backpapier auslegen. 250 g zimmerwarme Butter mit 200 g Zucker und 1 Prise Salz in 8 Min. cremig aufschlagen, die Eier einzeln zugeben. Die restlichen 250 g Mehl mit Backpulver mischen und im Wechsel mit der Milch unter den Teig rühren. Diesen auf das Backpapier geben und sehr glatt und gleichmäßig bis zum Rand des Bleches verstreichen.

3 Die Erdbeeren kalt abbrausen, entkelchen und vierteln. Die Konfitüre vorsichtig auf dem Teig verteilen, die Erdbeerviertel daraufgeben und mit den Streuseln bestreuen. Den Kuchen im vorgeheizten Ofen (Mitte) ca. 30 Min. backen, dann auf einem Kuchenrost auskühlen lassen.

Heißer Tipp

Frisch gebacken schmeckt der Kuchen natürlich am besten, dann sind die Streusel noch schön knusprig. Wer ihn später servieren möchte, kann den Kuchen einfrieren. Dafür am besten in Stücke schneiden und diese in Gefrierbeutel oder Frischhalteboxen geben. Den aufgetauten Kuchen dann kurz im Ofen aufbacken – so schmecken die Streusel wie am ersten Tag.

Biskuitrolle mit Basilikum und Erdbeeren

Für 1 Rolle (10 Stücke)
Zubereitung 1 Std.
Backen 13 Min.
Kühlen 2 Std. 30 Min.
Pro Stück (bei 10) ca. 290 kcal

mit Gelatine

Für den Teig:
½ Bio-Limette
5 Eier (M)
200 g Rohrzucker + mehr zum Bestreuen
1 Prise Salz
150 g Dinkelmehl (Type 630)
50 g Buchweizenmehl
1 TL Backpulver

Für die Füllung und Garnitur:
4 Blatt weiße Gelatine
1 Bio-Limette
8 Stängel Basilikum
300 g Magerquark
50 ml Agavendicksaft
300 g Erdbeeren
150 g Sahne
Puderzucker zum Bestäuben (nach Belieben)

1 Den Backofen auf 200° vorheizen. Ein Backblech mit Backpapier auslegen. Ein großes Küchentuch gleichmäßig dünn mit Rohrzucker bestreuen.

2 Für den Teig Limette heiß waschen, abtrocknen und die Schale fein abreiben. Eier mit 4 EL warmem Wasser, Zucker, Salz und der Limettenschale mit den Quirlen des Handrührgeräts in ca. 8 Min. hellcremig aufschlagen. Dinkelmehl, Buchweizenmehl und Backpulver mischen und vorsichtig unter die Eiermasse heben. Den Teig auf dem Blech glatt streichen, im Ofen (Mitte) 12–13 Min. backen. Den Biskuit auf das Tuch stürzen, das Papier vorsichtig abziehen. Die Biskuitplatte sofort mithilfe des Tuchs aufrollen und auskühlen lassen.

3 Inzwischen für die Füllung die Gelatine ca. 5 Min. in kaltem Wasser einweichen. Limette heiß waschen und abtrocknen, Schale fein abreiben, Saft auspressen. Von 6 Basilikumstängeln die Blätter abzupfen, grob hacken. Mit Quark, Agavendicksaft, Limettensaft und -schale mit den Quirlen des Handrührgeräts glatt verrühren. Gelatine ausdrücken und bei schwacher Hitze in einem kleinen Topf in 2 EL Quarkcreme auflösen, dann unter die restliche Quarkcreme rühren. Diese ca. 30 Min. in den Kühlschrank stellen, bis sie zu gelieren beginnt.

4 Die Erdbeeren abbrausen, entkelchen und klein schneiden. Restliche Basilikumblättchen von den Stängeln zupfen. Die Sahne steif schlagen und vorsichtig unter die Quarkcreme heben. Biskuitplatte entrollen, Quarkcreme aufstreichen, dabei einen ca. 2 cm breiten Rand frei lassen. Erdbeeren und Basilikum drüberstreuen. Biskuit erneut aufrollen und ca. 2 Std. kühlen. Die Biskuitrolle nach Belieben mit Puderzucker bestäuben.

Heißer Tipp

Erdbeerlimes ist schnell selbst gemacht: 200 ml Wasser und 200 g Zucker in einen Topf geben und unter Rühren aufkochen lassen. Rühren, bis sich der Zucker aufgelöst hat, dann abkühlen lassen. 750 g Erdbeeren abbrausen, entkelchen und halbieren, dann mit 60 ml Zitronensaft pürieren. Zuckerwasser zu den pürierten Erdbeeren geben und 250 ml Wodka unterrühren. Den Erdbeerlimes in 2 saubere Flaschen (à 500 ml) füllen und kalt stellen.

Erdbeerlimes-Frischkäse-Torte

Für 1 Springform (28 cm Ø, 12 Stücke)
Zubereitung 40 Min.
Kühlen über Nacht
Pro Stück ca. 390 kcal

vegetarisch

200 g Vollkorn-Butterkekse
150 g Butter
200 g Sahne
600 g Frischkäse
1 EL Zitronensaft
100 g Zucker
100 ml Milch
2 leicht gehäufte TL Agar-Agar (Bio-Laden)
500 ml Erdbeerlimes
400 g Erdbeeren

1 Am Vortag Kekse in einen Gefrierbeutel füllen, mit dem Nudelholz fein zerbröseln. Die Butter in kleine Würfel schneiden. Keksbrösel und Butter kräftig verkneten. Den Boden der Springform mit Backpapier belegen und dieses im Springformrand einspannen. Die Keksmasse daraufgeben, gleichmäßig verteilen und kräftig andrücken. Kühl stellen. Die Sahne mit den Quirlen des Handrührgeräts steif schlagen und ebenfalls kühl stellen.

2 Frischkäse, Zitronensaft und 80 g Zucker verrühren. Milch in einem Topf mit 1 leicht gehäuften TL Agar-Agar verrühren und aufkochen. Vom Herd nehmen, 2 gehäufte EL Frischkäsemasse dazugeben und glatt rühren. Die Mischung zur restlichen Frischkäsemasse geben, rasch unterrühren. Die Sahne unterheben, die Masse auf dem Teig verteilen und glatt streichen.

3 Die Hälfte des Erdbeerlimes in einem Topf mit dem restlichen Agar-Agar und Zucker mischen, aufkochen und kurz köcheln lassen. Vom Herd nehmen, den restlichen Erdbeerlimes zugießen und die Mischung lauwarm abkühlen lassen. Die Fruchtmasse über einen Löffelrücken langsam auf die Creme laufen lassen. Die Torte über Nacht zugedeckt kalt stellen.

4 Am nächsten Tag die Erdbeeren abbrausen, entkelchen und halbieren. Die Torte mit den Erdbeeren garnieren und servieren.

Mascarponetörtchen mit Erdbeeren

Für 4 Personen

Zubereitung 30 Min.

Kühlen mind. 3 Std.

Pro Portion ca. 995 kcal

mit Gelatine

2 Wiener Böden (Fertigprodukt)
80 g weiße Kuvertüre
250 g Mascarpone
50 g feinster Zucker
1 Pck. Bourbon-Vanillezucker
200 g Sahne
3 Blatt weiße Gelatine
40 ml halbtrockener Weißwein (z. B. Riesling Spätlese, ersatzweise heller Traubensaft)
400 g Erdbeeren

Außerdem:
4 Dessertringe (8 cm Ø, 5 cm hoch)

1 Aus den Biskuitböden mit den Dessertringen 8 Kreise ausstechen. Den restlichen Biskuit anderweitig verwenden, z. B. als süße Brösel. Die Kuvertüre grob hacken und im Wasserbad schmelzen. Die Biskuitkreise mithilfe eines Küchenpinsels mit der Kuvertüre bestreichen: 4 Kreise auf einer Seite, 4 Kreise beidseitig. Auf einem Kuchengitter fest werden lassen.

2 Den Mascarpone in einer Schüssel mit Zucker und Vanillezucker glatt rühren. Die Sahne steif schlagen und unterheben. Die Gelatine ca. 5 Min. in kaltem Wasser einweichen. Den Wein erhitzen und die ausgedrückte Gelatine darin auflösen. Leicht abkühlen lassen und unter die Creme rühren.

3 Je 1 einseitig bestrichenen Teigkreis mit der bestrichenen Seite nach oben in 1 der 4 Dessertringe legen und mittig etwa 3 cm hoch Creme darauf verteilen. Jeweils mit einem der restlichen Teigkreise abdecken. Die restliche Creme mittig darauf verteilen und alles mind. 3 Std., besser über Nacht kalt stellen.

4 Die Törtchen vorsichtig aus den Ringen lösen, dafür den Rand mit einem Messer von den Ringen trennen. Die Erdbeeren waschen und entkelchen. Einige Erdbeeren in Scheiben schneiden und rundherum seitlich an die Creme drücken. Die restlichen Erdbeeren halbiert auf die Törtchen setzen.

In Deutschland gibt es sogar Bauernhöfe, die Spargel und Erdbeeren als Doppelspezialität anbieten. Die frischen Erdbeerfelder und Spargeläcker nebeneinander laden zu einer feinen Ernte-Tour ein. So kommt man auf den Geschmack und unterstützt gleichzeitig lokale Landwirte!

Geniale Kombi

Schokocreme mit Erdbeere und Spargel

Zutaten für 4 Personen

Zubereitung 25 Min.

Kühlen 2 Std.

Pro Portion ca. 600 kcal

vegetarisch

150 g dunkle Kuvertüre
400 g Crème fraîche
400 g Erdbeeren
2 Stangen weißer Spargel

1 Die Kuvertüre grob zerkleinern. Die Crème fraîche unter ständigem Rühren erhitzen. Die Kuvertüre dazugeben und rühren, bis sie sich vollständig aufgelöst hat. Die Schokoladencreme in Gläser oder Schälchen füllen und für ca. 2 Std. kalt stellen.

2 Inzwischen die Erdbeeren abbrausen, entkelchen und je nach Größe halbieren oder vierteln. Den Spargel schälen und die Enden abschneiden. Dann mit einem Sparschäler in sehr dünne Streifen schneiden oder hobeln.

3 Erdbeeren und Spargelstreifen dekorativ auf der Schokoladencreme anrichten und sofort servieren.

mögen alle

Erdbeerflammeri

Für 4 Portionen

Zubereitung 25 Min.

Kühlen 2 Std.

Pro Portion ca. 150 kcal

vegan

500 g Erdbeeren
80 g Zucker
35 g Speisestärke
2 EL Zitronensaft
1 EL gehackte, ungesalzene Pistazienkerne (nach Belieben)

1 Erdbeeren abbrausen und entkelchen, 200 g davon beiseitestellen. Restliche Erdbeeren mit 1 EL Zucker und 100 ml Wasser in einen Rührbecher geben und fein pürieren. Die Masse in einem Topf aufkochen. Speisestärke mit restlichem Zucker und 100 ml Wasser glatt rühren. Die Mischung in das kochende Erdbeermus einrühren, unter Rühren einmal aufkochen. Mit 1–2 EL Zitronensaft abschmecken und vom Herd nehmen.

2 Die Puddingcreme in vier Schüsselchen füllen. Etwas abkühlen lassen, dann mind. 2 Std. im Kühlschrank kalt stellen. Zum Anrichten restliche Erdbeeren klein schneiden und das Dessert damit garnieren. Nach Belieben Pistazienkerne darüberstreuen.

mit Schwips

Erdbeer-Limetten-Sorbet

Für 4 Personen

Zubereitung 10 Min.

Ziehen 30 Min.

Gefrieren 40 Min.

Pro Portion ca. 50 kcal

vegan

1 Bio-Limette
500 g Erdbeeren
150 g Puderzucker
1 EL Gin (nach Belieben)

Außerdem:
Eismaschine

1 Limette heiß waschen, Schale abreiben, den Saft auspressen. Die Erdbeeren abbrausen, entkelchen und in Scheiben schneiden. Mit Zucker, Limettensaft und -schale verrühren und ca. 30 Min. ziehen lassen.

2 Die Erdbeeren fein pürieren und nach Belieben durch ein Sieb streichen, um die Kerne zu entfernen. Nach Belieben den Gin unterrühren, das Erdbeerpüree in die Eismaschine geben und darin gefrieren lassen. Vom fertigen Sorbet mit einem Eisportionierer oder einem Esslöffel Kugeln abstechen und in Becher oder Gläser setzen.

Mascarpone-Eis mit Balsamicosirup

Für 8 Portionen

Zubereitung 30 Min.

Kühlen 12 Std.

Gefrieren 40 Min.

Pro Portion ca. 445 kcal

vegetarisch

1 Vanilleschote
360 ml Vollmilch
4 Eigelb (M)
250 g Zucker
1 Tonkabohne
2 EL Aceto balsamico
240 g Sahne
240 g Mascarpone
600 g Erdbeeren

Außerdem:
Eismaschine

1 Die Vanilleschote längs aufschneiden und das Mark mit dem Messerrücken herauskratzen. Die Milch mit dem Vanillemark und der -schote in einen Topf geben, unter Rühren aufkochen und bei schwacher Hitze ca. 5 Min. köcheln lassen. Beiseitestellen.

2 Die Eigelbe mit 100 g Zucker in einer hitzebeständigen Rührschüssel mit einem Schneebesen gut verrühren. Die heiße Vanillemilch unter ständigem Rühren in die Eigelbmischung gießen. Über dem heißen Wasserbad mit dem Schneebesen in ca. 10 Min. cremig aufschlagen. Die Masse in eine kalte Schüssel gießen. Auf ein kaltes Wasserbad setzen und ca. 10 Min. weiterrühren. Anschließend vollständig abkühlen lassen und zugedeckt über Nacht in den Kühlschrank stellen.

3 Für den Balsamicosirup die Tonkabohne auf einer feinen Reibe reiben. Den restlichen Zucker mit 150 ml Wasser und der gemahlenen Tonkabohne in einem Topf zum Kochen bringen. Bei mittlerer Hitze ca. 5 Min. kochen lassen. Den Balsamico unterrühren und den Sirup auskühlen lassen. Den Sirup durch ein Sieb in eine saubere Flasche gießen.

4 Die Sahne mit dem Mascarpone glatt rühren und unter die kalte Vanillemilch mischen. Die Eismasse in die Eismaschine füllen und in ca. 40 Min. cremig gefrieren lassen.

5 Die Erdbeeren abbrausen, entkelchen und halbieren oder vierteln. Das Eis und die Erdbeeren auf Tellern verteilen und mit dem Balsamicosirup beträufeln.

Heißer Tipp

Für selbst gemachten Erdbeersirup zum Eis 500 g reife Erdbeeren waschen, entkelchen und klein schneiden. Mit 250 ml Wasser zum Kochen bringen und bei mittlerer Hitze 10–15 Min. köcheln lassen. Anschließend 250 g Zucker und 1–2 TL Zitronensäure hinzufügen und unter Rühren vollständig auflösen. Die Masse ca. 10 Min. köcheln lassen, vom Herd nehmen und fein pürieren. Nach Belieben mit 1–2 EL Zitronensaft abschmecken und noch heiß in saubere Flaschen oder Gläser abfüllen.

Erdbeerkonfitüre mit Vanille

Für 4 Gläser (à 250 ml)

Zubereitung 40 Min.

Ruhen 12 Std.

Pro Glas ca. 585 kcal

vegan

1 kg reife Erdbeeren
500 g Gelierzucker 2:1
1 Stück Vanilleschote
1 Bio-Orange
1 Apfel (z. B. Elstar)
2 EL Orangenlikör (z. B. Grand Marnier, ersatzweise Orangensaft)

1 Am Vortag die Erdbeeren abbrausen, entkelchen und trocken tupfen, größere Früchte halbieren. Die Erdbeeren mit dem Gelierzucker und der Vanilleschote in einem Topf mischen und zugedeckt 12 Std. – am besten über Nacht – ziehen lassen.

2 Am Zubereitungstag die Gläser und Deckel heiß ausspülen und zum Abtropfen umgedreht auf ein sauberes Geschirrtuch stellen. Die Orange heiß waschen und abtrocknen. 1 TL Schale abreiben und den Saft auspressen, beides zu den Erdbeeren geben. Die Vanilleschote entfernen. Den Apfel schälen, vierteln und entkernen, fein reiben und unter die Erdbeeren mischen. Die Mischung unter Rühren aufkochen und ca. 4 Min. sprudelnd kochen lassen. Kurz vor Ende der Kochzeit die Gelierprobe machen: Wenn die Konfitüre geliert, den Likör unterrühren.

3 Die Konfitüre in einen hitzebeständigen Messbecher füllen, in die Gläser gießen und diese fest verschließen. Die Konfitüre ca. 20 Min. auf dem Deckel stehend abkühlen lassen. Dann die Gläser umdrehen und die Konfitüre vollständig auskühlen lassen. An einem kühlen Ort aufbewahren – dann ist die Erdbeerkonfitüre ca. 1 Jahr haltbar.

Rezeptregister

T

W/Z

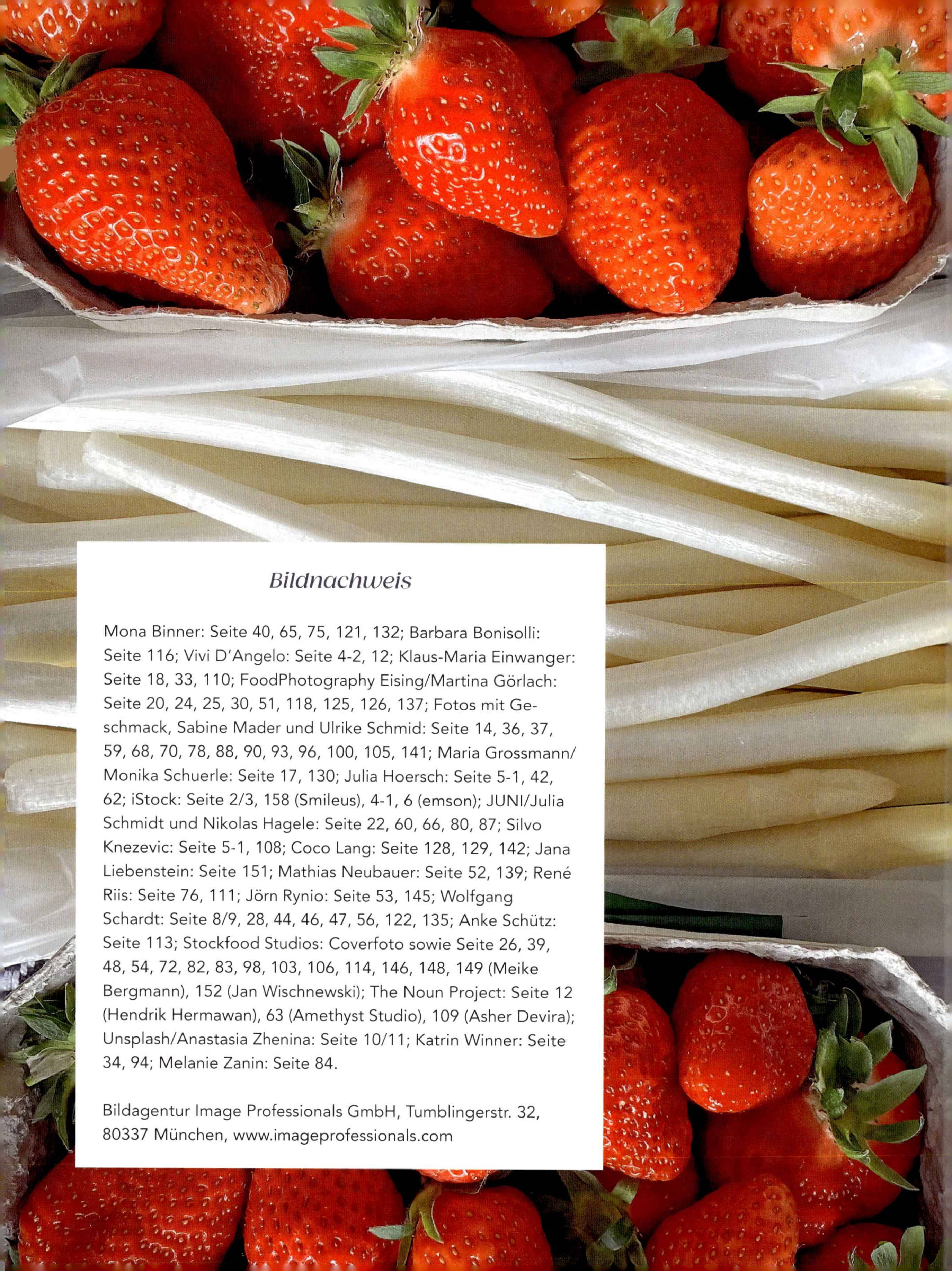

Bildnachweis

Mona Binner: Seite 40, 65, 75, 121, 132; Barbara Bonisolli: Seite 116; Vivi D'Angelo: Seite 4-2, 12; Klaus-Maria Einwanger: Seite 18, 33, 110; FoodPhotography Eising/Martina Görlach: Seite 20, 24, 25, 30, 51, 118, 125, 126, 137; Fotos mit Geschmack, Sabine Mader und Ulrike Schmid: Seite 14, 36, 37, 59, 68, 70, 78, 88, 90, 93, 96, 100, 105, 141; Maria Grossmann/Monika Schuerle: Seite 17, 130; Julia Hoersch: Seite 5-1, 42, 62; iStock: Seite 2/3, 158 (Smileus), 4-1, 6 (emson); JUNI/Julia Schmidt und Nikolas Hagele: Seite 22, 60, 66, 80, 87; Silvo Knezevic: Seite 5-1, 108; Coco Lang: Seite 128, 129, 142; Jana Liebenstein: Seite 151; Mathias Neubauer: Seite 52, 139; René Riis: Seite 76, 111; Jörn Rynio: Seite 53, 145; Wolfgang Schardt: Seite 8/9, 28, 44, 46, 47, 56, 122, 135; Anke Schütz: Seite 113; Stockfood Studios: Coverfoto sowie Seite 26, 39, 48, 54, 72, 82, 83, 98, 103, 106, 114, 146, 148, 149 (Meike Bergmann), 152 (Jan Wischnewski); The Noun Project: Seite 12 (Hendrik Hermawan), 63 (Amethyst Studio), 109 (Asher Devira); Unsplash/Anastasia Zhenina: Seite 10/11; Katrin Winner: Seite 34, 94; Melanie Zanin: Seite 84.

Bildagentur Image Professionals GmbH, Tumblingerstr. 32, 80337 München, www.imageprofessionals.com

GU

LIEBE LESERIN, LIEBER LESER,

wie wunderbar, dass du dich für ein Buch von GU entschieden hast! In unserem Verlag dreht sich alles darum, dir mit gutem Rat dein Leben schöner, erfüllter und einfacher zu machen. Unsere Autorinnen und Autoren sind echte Expertinnen und Experten auf ihren Gebieten, die ihr Wissen mit viel Leidenschaft mit dir teilen. Und unsere erfahrenen Redakteurinnen und Redakteure stecken viel Liebe und Sorgfalt in jedes Buch, um dir ein Leseerlebnis zu bieten, das wirklich besonders ist. Qualität steht bei uns schon seit jeher an erster Stelle – jedes Buch ist von Büchermenschen für Buchbegeisterte gemacht, mit dem Ziel, dein neues Lieblingsbuch zu werden.

Deine Meinung ist uns wichtig, und wir freuen uns sehr über dein Feedback und deine Empfehlungen – sei es im Freundeskreis oder online.

Viel Spaß beim Lesen und Entdecken!

P.S. Hier noch mehr GU-Bücher entdecken: www.gu.de

FÜR DIE UMWELT

Dieses Buch wurde auf PEFC-zertifiziertem Papier aus nachhaltiger Waldwirtschaft gedruckt. Aus Liebe zur Natur verwenden wir leichtes Papier.

DIE BÜCHERMENSCHEN HINTER DIESEM PROJEKT

Verlagsleitung: Eva-Maria Hege
Projektleitung: Alessandra Redies
Lektorat und Texte:
Melanie Haizmann
Korrektorat: Andrea Lazarovici
Cover und Innenlayout:
ki36 Editorial Design,
Sabine Krohberger, München
Satz: Christopher Hammond
Herstellung: Markus Plötz
Reproduktion: Ludwig Media,
Zell am See
Druck & Bindung: Firmengruppe
Appl, Wemding

Grillparzerstraße 12, 81675 München

www.gu.de/kontakt | hallo@gu.de

GU ist eine eingetragene Marke der GRÄFE UND UNZER VERLAG GmbH

1. Auflage 2025,
ISBN: 978-3-8338-9634-7

BACKOFEN-HINWEIS

Unsere Temperaturangaben, wenn es nicht anders angegeben wird, beziehen sich auf das Backen im Elektroherd mit Ober- und Unterhitze. Die Backzeiten können je nach Herd variieren. Details entnehmen Sie bitte der Bedienungsanleitung Ihres Backofens.

WERDE TEIL DER GU-COMMUNITY!

Du und deine Familie, dein Haustier, dein Garten oder einfach richtig gutes Essen. Egal, wo du im Leben stehst: Als Teil unserer Community entdeckst du die neuesten GU-Bücher als erstes, du genießt exklusive Leseproben und wirst mit wertvollen Impulsen und kreativen Ideen bereichert.

Worauf wartest du? Sei dabei!

www.gu.de/gu-community

© Bernhard Haselbeck

WARUM UNS DAS BUCH BEGEISTERT

Mit diesem liebevoll kompilierten Kochbuch und seiner bunten Vielfalt an kreativen Rezepten schmeckt der Frühling lecker wie nie!

Eva-Maria Hege, Verlagsleitung